知识学习"移出"传统课堂
——以中学数学为例

张舒郴 郑岚 董君武 编著

华东师范大学出版社
·上海·

图书在版编目（CIP）数据

知识学习"移出"传统课堂：以中学数学为例／张舒郴，郑岚，董君武编著．—上海：华东师范大学出版社，2021

ISBN 978‐7‐5760‐1682‐6

Ⅰ.①知… Ⅱ.①张… ②郑… ③董… Ⅲ.①中学数学课－课堂教学－教学研究 Ⅳ.①G633.602

中国版本图书馆 CIP 数据核字(2021)第 091103 号

ZHISHI XUEXI YICHU CHUANTONG KETANG

知识学习"移出"传统课堂
——以中学数学为例

编　　著	张舒郴　郑岚　董君武
总 策 划	倪　明
项目编辑	孔令志　芮　磊
责任编辑	陈　震
责任校对	时东明
装帧设计	张　萍

出版发行	华东师范大学出版社
社　　址	上海市中山北路 3663 号　邮编 200062
网　　址	www.ecnupress.com.cn
电　　话	021‐60821666　行政传真 021‐62572105
客服电话	021‐62865537　门市(邮购)电话 021‐62869887
地　　址	上海市中山北路 3663 号华东师范大学校内先锋路口
网　　店	http://hdsdcbs.tmall.com

印 刷 者	上海锦佳印刷有限公司
开　　本	787×1092　16 开
印　　张	10
字　　数	171 千字
版　　次	2021 年 6 月第 1 版
印　　次	2021 年 6 月第 1 次
书　　号	ISBN 978‐7‐5760‐1682‐6
定　　价	48.00 元

出版人	王　焰

(如发现本版图书有印订质量问题，请寄回本社客服中心调换或电话 021‐62865537 联系)

序

我与张舒郴老师相识已经有四十多年了。

1980年,大学入学第一天,我注册后即来到被分配的宿舍,按照寝室门口贴的名单找到了自己的床位。那时的室友来自五湖四海,一番介绍后大家心存疑虑,感觉少了门口名单中的张舒郴同学,结果发现是大家都将他名字中的第三字读错了音。在他本人的建议下,我们将读错频次最多的发音作为他的昵称外号,嘻哈中拉近了室友间的距离。四年的同窗,我们互相交流、学习,他是我们中反应最快、思维最活跃的一位。

时光如梭,大学毕业后我们少有联系。直到上世纪九十年代初,我受静安区业余数学学校邀请去讲学,老同学再次相聚,才得知他长期在高三毕业班任教,并负责区高三数学竞赛的辅导。由于当时通信方式的限制,除了节日的问候,难得有对数学的探讨,只是记得新世纪初,他从高一带到高三的数学竞赛班取得上海市团体前三名的好成绩。

近年来我与市西中学交往增多。

2016年,华东师范大学数学系、上海市核心数学与实践重点实验室和华东师范大学国际数学奥林匹克研究中心团队与市西中学合作,为市西中学的数学资优学生的培养提供教育支持。我们团队参与学科相关课程的教学,指导教师开展相关的教学与研究。同时,应董君武校长之邀,我和陈双双、黄华一起担任市西中学数学云平台项目开发的指导专家,有机会具体了解到市西中学在董校长的顶层设计下,由张舒郴老师主持负责,结合自适应学习理论展开线上云课堂的探索性实践,初步建构了中学数学知识结构与图谱,并与互联网公司共同合作开发,完成了高中数学智能化的基础性习题库建设,即计算机自动批改选择题和填空题,并对学生的练习情况及时作出诊断,同时精准推送补偿性练习和提高性练习。2016年5

月 18 日，张娜老师开课向全市汇报了这一成果，我对这节课进行了点评。

之后一年中，我与舒梆兄聊得更多的话题是将线上信息技术合理地融入线下课堂，形成新的教学流程。在市西中学管理层的支持和推动下，项目有条不紊地深入推进，第一年的实验成效显著，统计数据相当可喜。新的教学方式是学生在课前利用线上微课等资源自主预习，理解和掌握数学的浅层知识，促成课堂教学形成更高的认知起点，课上学生有充分的时间探究更深层次的数学问题，课后借助线上平台习题推送巩固所学知识。

2018 年 10 月，由市教研室主办，在市西中学举行了市教研活动，以技术改善课堂教学为主题向上海市课改三十年献礼。市西中学多名教师开设公开课向同行汇报了项目的特色，活动中张舒梆老师作了主题报告《技术改善课堂教学环境》，明确提出"将知识学习逐步'移出'传统课堂"的教学主张，引导学生在教师指导下展开深度学习，这是非常有价值的教学实践与探索。原本我受邀为点评专家，遗憾的是当天出差在外不能亲临现场。

当前，人工智能及其应用的迅猛发展，正在改变着社会，改变着教育。在这样的时代，教育如何面向未来，人工智能如何赋能教育，都是值得每一位教育工作者思考的问题。本书正是以信息技术和人工智能应用于中学数学教学为研究范畴，努力开拓一条改变传统课堂教学范式的探索之路。同时，对标目前高校推出的"强基计划"这一拔尖创新人才选拔与培养的重大改革，探索使学生从传统课堂中解放出来的教学模式，使学习更有效、更有价值，从而促进学生全面而富有个性的优势发展，为国家各专业领域输送有志向、有兴趣、有天赋的青年人才。

衷心希望，市西中学团队能在董君武校长和张舒梆老师的带领下，积极探索人工智能赋能数学教育，不断总结经验，面向未来，在教育教学改革的道路上继续砥砺前行。

熊斌

2021 年 3 月 6 日

注：熊斌，华东师范大学数学科学学院教授、博士生导师，上海市核心数学与实践重点实验室主任，华东师范大学国际数学奥林匹克研究中心主任。

目 录

第一章 导论 / 1
  第一节 历史回眸：上海数学课改 30 年 / 1
  第二节 时代呼唤：课堂教学的全面变革 / 4
  第三节 面向未来：知识学习"移出"传统课堂 / 9

第二章 知识点梳理与结构化 / 17
  第一节 知识点梳理的基本思路 / 17
  第二节 数学知识结构化分析 / 26

第三章 微视频的制作 / 37
  第一节 微视频制作的基本思路 / 37
  第二节 概念型微视频的制作 / 43
  第三节 方法型微视频的制作 / 50

第四章 习题库的编制 / 55
  第一节 习题库的溯源与类型 / 55
  第二节 学习型习题库的编制思路 / 62
  第三节 题库编制与中心习题选编 / 69
  第四节 数学题库的建立与管理 / 77

第五章　线上学习平台建设 / 85
　　第一节　线上学习平台：在线教育的主要载体 / 85
　　第二节　线上学习平台的研发思路 / 91
　　第三节　基于结构化的学习平台 / 96

第六章　课堂教学流程再造 / 107
　　第一节　课堂流程再造五环节阐释 / 107
　　第二节　教学流程各环节间的关系 / 119

第七章　研究成效与未来展望 / 125
　　第一节　教学的成效与分析 / 125
　　第二节　研究结论与分析 / 136
　　第三节　需要深化研究的问题与展望 / 142

附件　微视频对数学学习活动影响的调查 / 145

参考文献 / 149

后记 / 151

第一章 导 论

上海作为国际化的大都市,在课程教材改革方面始终走在全国的前列。特别是 1988 年之后,国家授权上海根据国家数学课程要求,独立承担课程教材改革的实验任务,至今走过了 30 多年的历程。其中,数学学科的课程教材改革,历 30 年持续实践与研究,取得斐然的实验成果,于 2018 年荣获第二届国家基础教育教学成果评选特等奖。

信息技术及其应用的迅猛发展,正在改变着社会,也改变着教育。时代呼唤技术与教育的深度融合,推动课堂教学的全面变革。我们可以预见:随着人工智能等信息技术融入教育,课堂教学的方式与学校存在的形态都会发生根本性的改变。在这样的背景下,我们提出了将知识学习"移出"传统课堂的理念,并以此为指导,从 2015 年起率先展开以技术与教育的融合,再造教学流程的实践探索,并于 2018 年 10 月,在上海市市西中学举行了以"技术改善课堂教学"为主题的上海市课改 30 年高中数学专场,得到了与会专家和教育同仁的广泛肯定。

第一节 历史回眸:上海数学课改 30 年

30 多年来,上海的课程改革主要分为 2 个阶段:课程改革第一期工程(简称"一期课改")和第二期工程(简称"二期课改")。数学学科在这一过程中也历经诸多变革,包括课程结构、课程内容、教材编写,以及提出数学学科能力与素养等方面,并贯穿在课堂教学的变革与实践中,积累了大量的经验,取得了一系列的成果。

一、上海数学 30 年课改的直接动因

从整体上看,课程改革是一个自上而下、由内向外的推进过程,课改的目标直接指向"为谁培养人""培养什么人""怎样培养人"这些教育的核心问题。

中国在 1977 年经历了恢复高考这一重大历史事件之后,逐渐普及国民的基础教育(包括九年制义务教育和高中阶段教育)成为教育的重中之重。在教育优先发展的战略地位确立过程中,教育越来越受到社会和政府的重视,教育思想与理念的转变对教育变革提出了全新的要求,推动着课程教学改革。

在国家启动义务教育阶段新教材编写的同时,授权上海根据国家数学课程的要求,相对独立地自主开展课程教学改革的实验,努力为全国课程改革的推进与深化提供一种先行先试的实践案例与样本。于是,上海将九年制义务教育调整为"五四分段",数学课程进行了统整安排,又针对高中阶段教学实际设计了"二一分段"的课程方案,数学课程也作出了相应的安排。这些调整和安排,对上海数学的课程改革提出了明确的要求,直接推动了数学的课程教学改革。

二、上海数学 30 年课改的主要历程

1988 年 5 月,九年制义务教育教材规划会议在山东泰安举行,在国家全面推进义务教育及其课程教材改革的背景下,迎来了上海深化课程改革的契机,拉开了历时 30 余年的上海课改。上海数学顺应教育思想与理念的转变,课程目标与定位也随时代与教育的变革而演变,并引领着中小学数学课程改革的实践探索。

(一)思想与理念的转变

上海一期课改阶段,提出了"提高素质、发展个性"的教育理念,强调社会与科学联动的"素质核心",关注"有素质""高素质"要求下的数学教学。

上海二期课改阶段,提出了"以学生发展为本"的教育理念,强调学生的创新意识、实践能力和终身的可持续发展,关注学生的"基础性学力""拓展性学力"和"创造性学力"的培养,在这些理念转化为数学课改的行为实践过程中,使数学教学更加关注学生的数学能力与素养、数学思想与思维的培育。

(二)目标与内容的演变

一期课改阶段,数学学科的课程目标主要体现在"双基"的落实上,"双基"的基

本目标是：获得必要的数学基础知识和基本技能，理解基本的数学概念、数学结论的本质及产生的背景、应用，体会其中蕴含的数学思想和方法，及其在后续学习的应用。

二期课改时，数学的课程目标阐述为"四基"，明确提出：通过数学教学，让学生掌握数学基础知识、训练数学基本技能、领悟数学基本思想、积累数学基本活动经验，强调对学生发现和提出问题能力、分析和解决问题能力的培养。近年来，随着课改的深化，进一步提出了培育学生数学核心素养的6个方面：数学抽象、逻辑推理、数学建模、直观想象、数学运算和数据分析。

从"双基"到"四基"，再到今天提出的6个方面数学核心素养，在不同阶段引领着数学学科的课程教学改革的方向，直接影响着学科课程标准的制订、课程内容的选择和数学教材的编写，从而推动着数学教学的改革与发展。

三、上海数学 30 年课改的主要成效

上海基础教育数学学科 30 余年的课程教学改革的成效是有目共睹的。在 PISA 测试中，上海学生反映出的数学能力远超国际上同年龄层次的其他学生，学科水平名列前茅。近年来，"上海数学教学经验移入英国数学课堂""英国引进上海数学教材"等现象表明，上海数学课改 30 年所取得的成效和积累的经验，已经引起国际数学教育界的关注，国际数学教育大会即将在地处上海这座城市的华东师范大学举行，也从某一角度上见证着上海数学教学这 30 年课程教学的改革与发展。

必须指出的是，计算器引入数学教学是上海数学 30 年课程改革的一项重要举措，在数学教学改革中发挥了积极的作用，收到了很好的效果，成为中国将技术与教育全面融合实践探索的先行者。将计算器引入数学课堂，开辟了技术与教育融合的新局面，数学教学不再仅局限于纯粹的纸笔工具，计算器成为最常见的技术工具进入数学课堂、考场。例如解决一元二次方程中一些较为复杂的运算，三角函数与解三角形问题中，利用计算器可以降低学生在数学运算上的一些负荷，使得教学时间分配得以优化，有更多时间聚焦数学素养与思维的培育。

1988 年，TI 图形计算器进入数学教育者的视野，并成功引入到数学教学中。TI 图形计算器相对普通的计算器而言，功能更为强大，其最大优势在于能够直接作出函数图像，解决了数字问题相对应的图像问题。就此，涉及数形结合思想方法的数学难题迎刃而解，通过技术将其简单化、直观化，数学教学真正迈上了技术这个大平台。

上海数学课改 30 年,逐渐将技术融入教学,数学课堂不再是单纯的黑板粉笔和书本的世界,依托电脑等工具,借助软硬件设施,教师可以直接演示一些用语言难以精准描述的数学过程,也可以实现代数、几何、逻辑、思维可视化,这使得数学教学更为形象、直观,从而使数学课堂因技术的应用而更加高效,更好地促进学生的深度学习,使学生的数学学习更有价值。

第二节 时代呼唤:课堂教学的全面变革

科学技术是第一生产力,技术革新推动着社会进步,也促进着教育的变革与发展。现代学校是在工业社会建立起来的教育者有计划、有组织的对受教育者进行系统教育活动的组织机构,其教学基本组织形式为班级授课制。

考察学校发展的教育史,我们不难发现,技术的进步,特别是信息传播技术及由此引发的社会交往方式的变革,驱动着学校及其教育方式的演进。例如:印刷技术的广泛使用与黑板的发明,为班级授课制的有效展开提供了技术支持,推动了教育组织向以班级授课制为特征的学校的转变;而当代信息技术的革命,正在催生学校存在形态与课堂教学方式的根本性变革,在人工智能、互联网与移动终端等技术全面融入教育的全新时代,呼唤着教育的转型和学校组织的重构,教学流程的再造和学习方式的转变,一场教育深度变革的浪潮正在酝酿,即将汹涌而至。

一、技术进步与应用,推动班级授课制

工业革命之后的大工业生产,需要一大批具有一定知识和文化的高素质的劳动者,学徒式的个别化教育已经难以满足工业化社会的需要。此时,印刷技术已经广泛使用,为现代学校"班级授课制"的产生提供了基本的技术支持,而后,黑板的发明、投影技术的使用以及 20 世纪末的信息技术在学校教育的应用,支持和推动了班级授课制的演变,进一步促进了传统学校在统一性要求基础上教学效率与质量的提升。

(一)班级授课制的产生

班级授课制是社会经济的发展对教育提出要求而产生的,是教育适应社会和时代需要的必然结果。班级授课制就是将学生根据年龄特征或学习特征编成一个

集体——班级,以班级为单位统一开展教与学活动的教学制度。在班级授课制下,每个班级具有固定的学生、固定的课程及统一的目标和内容,确定的课程表及不同内容的授课程序,每门课程由确定的教师担任。班级授课制最早出现在16世纪的欧洲,夸美纽斯(J.A. Comenius)和赫尔巴特(J.F. Herbart)先后对班级授课制进行了阐述、论证和完善。1862年,我国在京师同文馆第一次采用班级授课制,并在1903年的"癸卯学制"中正式确立为法定的教学组织形式,在全国得到推广。

班级授课制的基本特点是人员以"班"为单位,按照基本相同的年龄和学习程序分别编成固定的班级,由教师组织教学。每个班级教学内容以"课"为单位,每课教学内容以及相应的教学方法与手段相对完整,连续的若干"课"构成一个整体或系统,一课接一课地推进。授课的进程安排以"课时"为单位,把每一"课"的教学内容安排在固定的时间内完成,这样的"课时",是固定统一的,两个课时之间有休息时间。从班级的学科教学角度说,可能是单科独进(某一学科连续上课),也可能是多科并进(若干学科轮流交替教学)。

(二)班级授课制的演变

在班级授课制的长期实践过程中,教育工作者也进行了一些改进和探索。例如:分组教学,包括根据学生的学习能力或学习成绩等编班进行教学的外部分组,以及在按年龄编排的班级中,再根据学习能力或学习成绩等编组后进行教学的内部分组。分组教学相对于整班授课来说,一定程度上考虑了学生的个体差异,有利于因材施教。

在为克服班级授课制存在的弊端和局限性的探索中,比较有代表性的是由克伯屈(W.H. Kilpatrick)首创的"设计教学法"和帕克赫斯特(Parkharst)实践的"道尔顿制"。"设计教学法"主张废除班级授课制和教科书,打破学科界限,强调学生已有的知识和兴趣,以问题为中心设计学习单元,在教师指导下,学生自己确定学习目标、制订学习方案、开展实际活动、检查学习结果,学生在自主设计的活动中,获得知识与能力。"道尔顿制"是1902年在道尔顿中学开展的实践探索,强调以作业室代替教室,作业室按学科设置,由1—2名教师指导;教师按月安排学习内容,由学生根据自己的学习能力,与老师签订每月"学习合同",完成学习作业,并公布在作业室中;学生自主掌握学习时间和进度,与教师、同学讨论学习中产生的问题;学生完成"学习合同"的任务,经教师测评通过后,进入下一个月的学习,签订新的

"学习合同";教师把学生的学业成绩和进度登记在学习手册中。该校 9:15—13:00 为学习时间,下午则安排游戏。

"设计教学法"和"道尔顿制"都是针对避免班级授课制存在的弊端而开展的教育实践探索,尽管这些实践研究并没有从根本上突破班级授课制,但对后续的教育改革的研究,仍具有现实的启示与借鉴价值。

(三)班级授课制的特征

班级授课制的产生,很好地回应了工业革命对大量产业工人进行职前培养和教育的需要,这样一种教学制度具有深刻的时代烙印。班级授课制与工业社会大批量生产的特征具有高度的一致性,具有"高效率"和"统一性"特征,具有显明的时代性。班级授课制的"高效率"和"统一性"特征主要表现在:

1. 单位教师能量最大化:班级授课制保证了教师可以面对全体学生,一位教师可以同时教很多学生,有助于提高效率,有可能使学生齐头并进。

2. 保证学科知识系统性:班级授课制以"课"为单位安排教学活动,可以保证学科学习循序渐进,使学生对知识的学习扎实、完整、系统。

3. 发挥教师主导作用:每课时的"课"都由教师先行设计安排,并以教师系统讲授为主组织教学,可以更好地保证教学过程中教师的主导作用。

4. 便于学校教学管理:每班人数固定,每节课时间固定,且内容也是基本确定的,这样有利于学校对教学内容和进度进行统一安排,使学校管理相对简单、便捷,更好地保证教学的高速度。

5. 有利于集体中相互教育:在班级集体中,学生具有基本一致的学习目标和任务,他们集聚在一起,可以相互观摩、启发、切磋、砥砺,从而可以通过多向交流、相互影响。

6. 有助于学生全面发展:班级授课制实施过程中,对学生的课程设计通常会比较全面,可以较好地保证教师对学生知识、技能等比较全面、系统的传授,并通过班级加强对学生情感、态度、价值观的教育,促进学生的全面发展。

二、技术与教育融合,变革课堂教学

随着社会和时代的发展,社会上专业的分化和职业的分工越来越精细,而且信息量正以几何级数的方式递增,知识和信息的传递在学生学习过程中的地位和重要性正在发生变化。特别是近年来互联网和人工智能等信息技术及其应用的迅猛发展，一方面班级授课制存在的弊端与不足更加突出，面临着从未有过的挑战。另一方面，信息技术正在全面而深刻地融入教育，推动学校与课堂教学的深度变革。

（一）班级授课制所面临的挑战

信息技术及其应用，正在改变着社会，改变着人们信息获取的途径，改变着知识学习的方式与学校存在的形态。在这样的背景下，班级授课制对于学生学习自主性与选择性的局限与不足日益突显，使班级授课制在信息时代面临严峻的挑战。

1. 学生的主动性和独立性受到限制：班级授课制下，教学活动的安排大多由教师决定，学生只需要根据教师安排的内容和程序进行学习，他们学习的主动性容易被忽视，学习的独立性更难得到体现。

2. 学生的探索性、创造性不易发挥：班级授课制比较常见的教学方法是讲授法，而且传递的内容基本上都是已经被大家公认，甚至非常陈旧的知识，学生在这样的学习过程中，他对未知世界的探索精神难以得到很好的培养，其创造性容易受到抑制。

3. 学习内容固化和方法单一：班级授课制对学生学习的课程及其要求都是统一的，教学的内容、时间及其进程安排都是固定的、程序化的，在教学过程中不能够容纳更多适合学生的教学内容和方法，表现出学习内容的固化滞后以及教学方法的相对单一。

4. 学生的操作时间和机会不多：班级授课制下的课程被相对均衡地分解到每一"课"，每"课"都有确定的目标、内容和要求，教师普遍以讲授的方式来完成每节"课"的教学内容，学生在学习过程中动手操作的机会比较少，教学过程中学生的实践性比较缺乏。

5. 学习内容及时间碎片化：班级授课制以"课"为教学活动基本单位，而且每节"课"的时间是确定的，因此，常常需要将完整的教学内容和活动根据时间进行分割，这样造成本该系统化的学习内容和过程，被一节节"课"碎片化，不利于学生对学习内容系统化、结构化的全面学习与思考。

6. 学生个体差异很难体现：班级授课制以统一的目标、内容、时间、进度来设计、安排和组织教学活动，学生不仅是被动的学习和接受者，而且难以根据自己的需要选择学习内容和要求,难以实现真正意义上的因材施教。

　　班级授课制的确立,是适应工业化社会发展的一种教育制度选择,并具有工业社会的深刻印记。随着时间的推移和社会的变化,班级授课制对学生充分发展的局限性逐渐呈现出来。在数字化的信息时代,班级授课制对学生的个性化学习与发展的束缚,更加显著地表现出来,国内外都试图在继承班级授课制优势的基础上,探索一种更好地促进学生个性化发展的教学制度。因此,我们试图将着眼点转向信息技术的应用,从而促进学生个性化的深度学习。

(二)技术支持,再造教学流程

　　现代信息技术的各种呈现方式已经成为知识传播的新载体,云计算、学习分析、增强现实、电子书包、TPACK等新技术将知识变成一个万花筒,单调的白纸黑字变成动画、视频、虚拟现实等,并正在快速地传播到世界各地。兴起于2001年的开放教育资源运动旨在将优质教育资源开放给全人类共享,美国麻省理工学院就是开放教育资源运动的先驱者,它计划把学院全部的学习资源通过网络发布,为全世界学习者免费提供。未来的学习内容、学习方式必将从单一走向精彩纷呈,学生的学习方式和教师的教学形式会发生颠覆性改变,单一的知识传输式课堂教学模式将被彻底打破,取而代之的是更加多元的学习方式,学生能够根据自身特征与需求自适应地选择学什么与如何学。

　　目前翻转课堂、体验式学习、混合式学习、自适应学习、创客式学习等新的学习方式已经崭露头角,极有可能成为未来学校多元教学方式的重要组成部分。

　　1. 翻转课堂[①]

　　翻转课堂的意思是反其道而行之,把传统的学习流程颠倒过来。这一模式要求学生课前自主学习,通过观看教学视频预先学习,已经拥有一定的知识、概念和疑问,然后在课堂上与教师互动交流,请教师释疑解惑,极大提高教学效率和质量。

　　翻转课堂最早的尝试发生于美国。2000年,莫林·拉赫(Maureen Lade)、格林·普拉特(Glenn Platt)和迈克尔·特吉利亚(Michael Treglia)在迈阿密大学讲授"经济学入门"时,采用翻转教学的形式。正式提出"翻转课堂"理念和实践模式的是乔纳森·伯尔曼(Jon Bergmann)和亚伦·萨姆斯(Aaron Sams),2007年,他

---

① 张治.走进学校3.0时代[M].上海:上海教育出版社,2018.

们把自己的讲课录成视频,传到网上,帮助缺席的学生补课。

后来,人们普遍认识到,技术是颠覆课堂教学流程的强大动力,翻转课堂模式的关键要素是教学视频,但远不只是教学视频的使用,对技术的要求越来越高,依赖程度也不断加强。翻转课堂在实践过程中,通常以平台的形式,整合相关的技术以支持教学,例如,网络学习类平台、教学资源类平台、移动学习类平台等。目前,国内出现的翻转课堂技术平台主要包括:智慧学习平台、微课教学平台、个性化网络空间、网络学习社区、云端智慧教室、电子书包。

2. 自适应学习①

在互联网的学习环境中,以学习者为中心就是要让学生按照自己的需求,自主制订并执行个性化学习计划,选择合适的学习内容和策略,通过互动不断获得反馈,从而监控自己的学习过程,并且自我评估,根据评估结果调整下一步学习计划,从而得到优势最大化与个性发展的效果。这是一种基于互联网环境和信息技术应用的自适应学习。

"自适应学习"的概念出现于20世纪80年代,由中国科学院心理研究所认知心理学家朱新明教授提出,开创教育界素质教育理念的先河。在其《人的自适应学习——示例学习的理论与实践》专著中,系统地阐述了学习者通过示例学习获取知识与技能的信息加工过程,率先提出自适应学习的"条件建构—优化理论"。2000年,这一理论获中国科学院自然科学二等奖。诺贝尔奖得主、认知科学和人工智能的创始人之一希尔伯特·西蒙(Herbert Simon)对这一项研究成果非常重视,认为其"对认知心理学和学习理论作出了重要贡献"。西蒙积极向世界推广这研究成果,先后向美国、日本、苏联及中国智能计算机高技术代表团等进行推介。

第三节 面向未来:知识学习"移出"传统课堂

人工智能、互联网络、移动终端等软件和硬件方面技术及其应用的发展,正在改变着社会。技术与教育的深度融合,使学校教育正在迎来一场颠覆性的革命。面向未来,课堂教学必将发生一场根本性的变革。在这样的时代背景下,我们明确提出了将"知识学习'移出'传统课堂"的教学理念,并通过基于高中数学知识结构

---

① 张治.走进学校3.0时代[M].上海:上海教育出版社,2018.

化的学习平台的研发，努力将这一理念转化教学实践，从2015年开始，我们开展了持续的探索性研究。

一、基本假设与理念诠释

2015年，在技术驱动教育转型的时代背景下，针对班级授课制中以"教师讲，学生听"为主的传统课堂教学模式，结合在数学教学长期实践过程中积累的经验，提出了两点基本假设，并由此提出了"知识学习'移出'传统课堂"的理念，这一理念相关的核心概念与内涵诠释如下。

（一）基本假设

1. 学生在已有知识基础上，可以自己学会一定的新知识，并且学生自己学会的知识相对比较牢固。

2. 学生学业不仅有学习结果的"好""坏"之分，还有学习过程"快""慢"差异，通过学生自主预学，可以使课堂教学起点更趋一致，且使学习"慢"的学生更可能学得"好"。

（二）概念界定

"知识学习'移出'传统课堂"这一理念中有2个核心概念，分别是知识学习、传统课堂。我们对这2个概念界定如下：

1. 知识学习

关于知识有诸多概念界定与分类，通常大家比较认同的"知识"是指符合文明发展方向的，人类对物质世界以及精神世界探索的结果总和，是人类在实践过程中认识客观世界（包括人类自身）的成果，包括事实、信息的描述或在教育和实践中获得的技能，它必须满足3个条件：是被验证过的，正确的，被人们相信的。知识也可以看成是人类智慧的最根本的因素，具有一致性、公允性的特征，知识的获取涉及复杂的过程，诸如感觉、交流、推理等。知识可以分为简单知识和复杂知识、独有知识和共有知识、具体知识和抽象知识、显性知识和隐性知识等。

学校教育是传递、传承知识，传播和创生文化的重要途径。学校课程目标可以分解为三维目标：知识与技能、过程与方法、情感态度价值观。我们讨论的"知识学习"特指三维目标中"知识与技能"这一维度的"知识"。如果使用"了解、理解、掌握、运用"等术语表述学习活动结果目标的不同水平,我们所指的"知识学习"目标主要指学生经过自主学习可以"了解、理解"的知识,部分可能达到"掌握"的程度。

概括地说,我们在本研究中将"知识学习"界定为通过学生自主运用经历、体验、探索等方式,了解、理解或部分掌握学校课程与教材等载体呈现的知识的过程。

2. 传统课堂

课堂通常指学校教育用来展开教学活动的空间,是学生学习的场所,或者是育人的主渠道。在课堂教学中,教师应该针对教学实际,运用教学智慧与创造力,创设必要情境,激发生机与活力,给学生提供课堂内实践机会,使他们在特定环境中,通过学习、实践与体验,规范行为、体验情感、感悟道理、提升素养、发展思维。

课堂与教室是两个相似的概念,有许多共通的内涵,甚至经常被大家混用。两者最基本的区别在于:教室一般是指一个具体化的物理空间,是学校中由教师用来上课的空间环境。课堂既可以指类似于教室这样的一种特定的学习场所,又可以拓展到学生用来学习的场所,甚至可能包括诸如"社会大课堂"这样一种抽象性的学习场所,而且,课堂甚至还包括在教室中展开教学活动,包括人与物在内的诸要素。从这一意义上说,课堂所涵盖的场所与环境比教室更加广泛。

随着互联网等技术与应用的发展,人们获取信息与学习知识的渠道与途径大大拓展,学校教育中学生学习的场所进一步延伸。基于技术应用的泛在学习等概念及其在学校的实践,促进着学校教育的转型发展,学校的课堂依托互联网和移动终端等工具被超越时空地延展了。学生用来学习的场所——课堂,不再是局限于学生所在的学校,而成为跨越学校"围墙",没有时空边界的广义课堂。相对于被信息技术的应用而延展了的广义课堂而言,我们所讨论的"传统课堂"特指学校传统意义上由学校或教师安排,指导学生开展学习与实践活动的狭义课堂。

(三)理念诠释

知识学习"移出"传统课堂,这一理念的核心内涵是指将学生通过自主学习可能学会的知识,移出传统课堂,让学生借助基于互联网等学习平台与资源自主学习,而在传统课堂中,学生在教师的指导下,聚焦于能力和思维要求更高的内容学习,从而更好地实现核心素养与高阶思维的培育。下面将针对"移出"这一关键词,围绕从哪里"移出"?"移出"什么?需要什么条件?怎样"移出"以及"移出"了知识学习之后的传统课堂,应该"移入"些什么?……这些问题诠释知识学习"移出"传统课堂这一理念。

1. 从哪里"移出"？

将知识学习"移出"传统课堂，必须明确今天的学校教育，在信息化背景下，课堂已经延展成时空无界的学习场所。因此，我们所关注的知识学习，其实仍然处在这样一个广义的课堂中，而只是将其从传统意义上的课堂或者是狭义上的学校环境中的特定学习空间——教室，这样的教学环境中"移出"。

2. "移出"些什么？

学习是人类的天性，是一种与生俱来的遗传素质。人生来就会学习，在学校教育的环境中，利用学校以已有知识为起点，学生可以自主学会和掌握一些新的知识与技能。对这些知识的学习，每个人学习的节奏有快有慢，学习时间和方式也各有偏好，在传统课堂中，由教师组织下的统一学习，很容易因整齐划一的学习进程而浪费学生的时间，从而造成学习效率不高。因此，将学生通过自主学习可以学会的知识学习，"移出"传统课堂，发挥学生学习的主动性、积极性，有助于培养学生的学习兴趣，提高学生学习效率。

3. "移出"需要什么条件？

知识学习"移出"传统课堂理念转化为教学实践的一个基本条件，是将传统的狭义课堂延伸并拓展到广义的课堂，使广义的课堂不再受时间和空间的局限。事实上，互联网和移动终端等信息技术与教育的全面融合，已经为广义课堂的延展提供了可能，通过网络学习平台的研发，整合优秀教师制作的微视频和习题库，就可以将互联网上的学习资源建设成为不受时空限制的广义课堂，为学生提供突破传统课堂这一学校教学环境的学习空间。

4. 怎样"移出"？

知识学习"移出"传统课堂理念落地过程中，决定其教学质量与效果的是教师对教学的整体设计与安排。作为教师必须准确把握处理好3个要素：第一，是研发、制作或寻找可以满足学生在传统课堂之后，展开学习的网络平台或资源；第二，是分析学生学科知识的学习特点，厘清学生学习不同知识可能出现的情况，判断并选择哪些知识更适合"移出"传统课堂，让学生通过网络平台等途径展开学习；第三，是充分调动学生主动学习的积极性、自觉性，培养学生学科学习的兴趣，指导学生养成良好的学习习惯与方法，并对学生在传统课堂之外的知识学习状况，进行及时反馈与必要督促。

5. 传统课堂"移入"什么？

在知识学习"移出"传统课堂的同时，我们必须想明白传统课堂在学生的学习中发挥怎样的功能与作用，即应该把什么内容"移入"传统课堂。在传统课堂中，每节课的时间是确定的，学生自己可以学会的知识，如果在教师指导下的课堂中完成，肯定是需要一定时间的，而把这些知识学习"移出"课堂之后，课堂上就有更加充裕的时间展开学生自己难以学会的内容学习，这些知识很可能难度更高，更加注重对学科方法和能力的要求，更加聚焦于学科素养和高阶思维的培育。

通过知识学习相对于传统课堂的一个"移出"与"移入"过程，不仅可以让学生自己能够学会知识，在传统课堂之外，自主安排学习时间和空间展开学习，对许多学生而言可以节省课堂上因步伐一致而造成的时间浪费，或改变跟不上学习节奏而导致学习"不好"的状况，而且由于在传统课堂之外，学生运用网络学习平台与资源的充分学习，使得教师在课堂上开始教学时，学生的起点更趋一致，可以极大提升课堂教学的有效性，从而可以更好地落实对于学生能力与素养的培育，提高教学的效能和质量，更好地促进学生全面富有个性的发展。

二、方案设计与实施

根据我们对"知识学习'移出'传统课堂"的理解，2015年我们设计了将这一理念转变为教学行为的研究方案，并在5年的实践过程中，边思考，边实践，边总结，边反思，在持续的改进与完善中不断探索与优化。项目方案设计与实施步骤如下：

（一）研究目标与内容

1. 研究目标

在知识学习"移出"传统课堂的教学理念指导下，以高中数学为主要案例，研发基于高中数学知识结构化的网络学习平台，系列化制作高中数学概念与方法的教学微视频，建构具有多重标签标记的习题整合而成的基础性习题库。

在此基础上，探索建构体现知识学习"移出"传统课堂的新型教学流程，并运用实证和行为研究的方法，在教学实践中持续总结、反思和完善，更好地促进学生全面而富有个性的优势发展。

2. 主要内容

根据研究的目标，以高中数学学科为案例，我们确定了两项主要研究内容。

(1)研究开发基于高中数学知识结构化的网络学习平台,主要包括四项任务:

第一,根据高中数学学科标准和沪教版教材,细分高中数学知识点,并初步形成知识结构网络。

第二,组织优秀教师精心制作概念与方法的系列微视频,并将其与若干个知识结构中的最末端知识点建立关联,建立一个概念、方法讲解为主要内容的微视频库。

第三,研究建立习题标签系统,对于选编和改编的习题进行标记,并指向若干个知识结构中最末端的知识点,统整成一个基础性的公共习题库。

第四,研究开发依托网络的数学习题智能化评阅系统,保证主观题智能化评阅的实现,为教学流程中及时反馈提供技术保障。

(2)探索建构基于网络学习平台的新型教学流程,形成知识学习"移出"传统课堂的行动方案,明确每一流程的操作要点,重点任务包括:

第一,建构"目标引领—自主预习—练习反馈—释疑深化—思辨提升"的教学流程,提炼每个教学环节和程序的内涵、要求,及操作实施过程中教师和学生的行为规则。

第二,建构基于广义课堂的由学生"自主预习—课堂学习—补偿学习"构成的学习闭环,探索建立基于网学平台的自主学习、练习反馈、智能化评阅、大数据匹配、有选择推送的学生自适应学习系统。

(二)研究方法与组织架构

1. 研究方法

本课题主要包括文献研究、编程研发、行动研究和质性研究。运用文献研究法,诠释知识学习"移出"传统课堂的教学理念,梳理高中数学知识结构,形成网络学习平台研发思路,进而编程研发网络学习平台。在此基础上,建立微视频库和题库,建构并践行新型教学流程,在证据支持下运用行动研究法,边研究、边实践,边完善改进、边优化迭代,通过多次循环的完善优化,运用质性研究法,逐渐建构基于网学平台的新型教学流程,建立学生自适应学习闭环。

2. 组织架构

项目研究广泛聘请专家参与指导,引入技术支持团队研发学习平台,数学教研组教师为主展开内容研究和教学实践,并适时与兄弟学校教师合作研究。项目实践与研究的组织架构如下图。

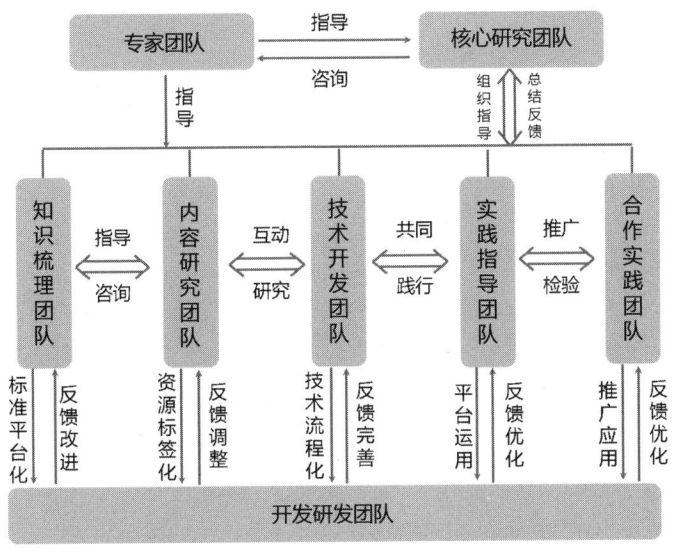

图 1.1.1

(三)实施进度与计划

1. 准备阶段(2015年9月—2016年8月)

(1) 诠释知识学习"移出"传统课堂这一理念的内涵与特征;

(2) 设计实施方案,确定研究目标与内容;

(3) 细分高中数学知识点,初步形成知识结构。

2. 第一轮实践阶段(2016年9月—2017年6月)

(1) 研究开发网络学习平台,组织人员录制微视频、选编基础性习题库,初步建立习题标签系统;

(2) 在实验项目学生中进行一年的教育教学实践;

(3) 收集、分析实验对象相关数据和资料;

3. 完善调整阶段(2017年7月—2017年8月)

(1) 第一轮实践阶段总结与专家咨询;

(2) 调整实践方案和AI技术与教育的互动。

4. 第二轮实践阶段(2017年9月—2020年6月)

(1) 继续研发完善网络学习平台,丰富网上学习资源;

(2) 根据新型教学流程的标准与要求,全面展开探索性实践研究,不断总结、反思和完善；

（3）收集、分析实验对象相关数据和资料。

5. 总结提炼阶段(2020年7月—2020年12月)

（1）全面提炼和总结；

（2）专家咨询和论证；

（3）形成专著书稿。

第二章　知识点梳理与结构化

高中数学知识结构化梳理，是以数学知识为核心，建立各单元知识点中的概念、技能、方法、能力的层次关系以及知识之间的关联，即通过知识点的上下关联构成知识体系。它可以用可视化的形式呈现给学生，并帮助学生查阅知识要点，学习知识内容。在知识结构化的基础上，建构课程内容、习题库以及直播平台与学生关联，能够更加准确地描述学生知识掌握的程度，为他们作出有效的诊断，并规划个性化的学习方案。

第一节　知识点梳理的基本思路

如何将高中数学知识点进行有效梳理，从而促进学生开展个性化学习？通过思考与实践，我们逐步探索并形成了信息抽取、知识融合、知识加工、知识更新这四个知识点梳理步骤。这一流程能帮助系统整理数学知识点，形成较为完整的知识体系，便于融合贯通，也能在后期应用中及时更新完善。

一、知识点梳理的意义

将中学数学知识点进行梳理的意义在于实现网络的语义搜索、智能推送以及可视化支持。

（一）语义搜索

基于关键词的搜索可以上升到基于实体和关系的检索。我们将数学知识点梳理成实体、关系、属性,语义搜索可以精准地领会用户的真实意图,呈现满足用户意图的答案。

学生通过语义搜索,了解所学知识在章节中的地位、难度以及和其他知识的联系,即包含该知识的结构化图表。这种方式,同样也能辅助教师更有效地备课,系统可以用推荐的方式为教师提供视频课程、优质教案、试题等。

(二)智能推送

系统对用户的自然语言进行理解,读取知识点梳理后的数据进行评价,给出为用户智能定制的不同优先级顺序的学习方案。

传统的学习诊断,主要是教师依靠经验对学习者的知识与能力水平进行评估,具有一定的偶然性和主观性。基于知识结构图、大数据分析等方法对学习者的学习偏好、学习速度、认知水平、思维方式等多维度作深度挖掘,并结合常规的测试成绩、纠错情况等行为记录,则能更好地刻画用户,使分析结果更加客观。同时,系统会鉴于个性化特点,确定符合学习者最近发展区的学习目标,向学习者推送学习内容。

(三)可视化支持

通过提供统一的接口,结合推理、检索等为用户提供可视化信息获取的入口,使学习内容与用户诊断可视化展示全方位信息。

我们将知识结构以图表的方式可视化地呈现,学生能直观地发现知识要点,以及知识点之间的关系。类似地,我们将学习者学习过程中的数据利用知识结构的图表作归因分析,可视化地提供给他们,能有效地进行查漏补缺,更好地促进学生个性化学习。

【案例 2.1】

在我们研发的学习平台上,如果学习者输入"单调性"关键词,界面会自动显示"函数的单调性"与"数列的单调性"供其选择。当学习者选择"函数的单调性"时,界面跳转到函数的单调性新课学习和新课练习,以及复习课学习和复习课练习。若学习者选择新课练习,网络平台会提供适量的基础性习题,并进行自动化的批改与诊断。如果学习者能顺利完成基础练习,平台会给学习者提供不同的选择,即让学习者选择是否继续挑战提高题,或者选择进行学习后续内容"函数的最值"。当学习者不能很好地完成基础题时,平台会建议学生阅读教材或观看相关内容的微视频,也可进行补偿性练习。同时,平台会记录学生每次练习的程度,逐步推理出契合该学习者优先顺序的学习方案。

二、知识点梳理的步骤

高中数学知识梳理的目标是建立揭示实体之间关系的语义网络,即由节点和边组成的语义网络,其中节点代表实体,边表示关系或属性。如此的语义网络可以对数学知识内容进行形式化的描述,并由"实体$\xrightarrow{关系}$实体"和"实体$\xrightarrow{属性}$属性值"构成知识结构的基本单位。

根据教育部制定的《普通高中数学课程标准(2017年版 2020年修订)》(以下简称《课程标准》),高中数学的内容相对稳定,因此我们主要在逻辑架构上对知识进行数据层和模式层的梳理。① 知识获取的逻辑可分为四个步骤,分别为:信息抽取、知识融合、知识加工、知识更新。模式层和数据层内容如下:

模式层:实体—关系—实体,实体—属性—属性值;

数据层:$\{1,2\}$—包含于—$\{1,2,3\}$,第二象限角—余弦—负数。

(一)信息抽取

信息抽取是对各种数据源里包含的信息进行结构化处理,提取出实体、属性、属性值以及相互间关系的过程。它包括以下两个任务:

1. 实体的识别与消歧

实体的识别与消歧也称实体抽取,指的是从原始语料中识别出命名实体。实体是知识内容最基本的元素,抽取实体的完整性、准确率将直接影响知识库的质量,因此它也是信息抽取中最基础的一步。实体抽取的方法通常有三种:第一种是在限定文本语义类型条件下进行的,采用基于规划与词典的方法编写模板,然后在原始语料中进行匹配;第二种是基于统计机器学习的方法,主要是通过机器学习的方法对原始语料进行训练,利用训练好的模型去识别实体;第三种是面向开放域

---

① 中华人民共和国教育部制定.普通高中数学课程标准(2017年版 2020年修订)[M].北京:人民教育出版社,2020.

的抽取，它更适用于海量语料读取。目前我们采用的是第一种方法。

我们将《课程标准》中出现的概念与方法的名称作为实体的名称，形成本体化的知识表示，而对未具体化描述的概念，我们仍以《课程标准》为准则赋予实体的名称。如 $y=x^2+x$，初中课本描述为二次函数解析式，高中课本描述为二次函数表达式。而《课程标准》在函数概念中阐述"会根据不同的需要选择恰当的方法（如图像法、列表法、解析法）表示函数"，结合百度文库和复变函数解析式的定义，将 $y=f(x)$ 的实体名称归为函数表达式的下位概念函数解析式。

2. 关系与属性的抽取

实体抽取后，得到的是一系列离散的个体，就需要从中提取出实体间的关联，通过关系将实体有意义地链接，形成知识结构。类似地，我们把属性看作实体与属性值之间的名词性关系，采用数据挖掘或人工采集的方法直接从文本中找出实体属性与属性值之间的关联，使知识结构呈网络状。

【案例 2.2】

两个函数实体的关系可以是上下和并列位置关系，也可以是和与积的运算关系。在并列关系中会形成复合的对应关系。二次函数 $f(x)=-x^2+2x$ 与对数函数 $g(x)=\lg x$ 能生成函数 $f(g(x))=-\lg^2 x+2\lg x$，这就是实体链接的意义；同样，函数 $y=-\lg^2 x+2\lg x$ 与区间 $(0,10]$ 之间是通过单调性的属性链接的。

我们用下列概念层和数据层的图表来直观表示：

$$\text{函数} \xrightarrow[\text{关系}]{\text{复合对应}} \text{函数} \xrightarrow[\text{属性}]{\text{单调性}} \text{增减区间}$$

$$\text{函数 } f(x)=-x^2+2x \xrightarrow[\text{关系}]{f(g(x))} \text{函数 } y=\lg x$$

$$\downarrow$$

$$\text{函数 } y=-\lg^2 x+2\lg x$$
$$\downarrow \text{增区间属性}$$
$$(0,10]$$

例如：

(1) $A=2019^{2020}$，$B=2020^{2019}$，比较 A 与 B 的大小。

解析：$\lg A-\lg B=2020\lg 2019-2019\lg 2020>0$，得 $A>B$。

(2) 求不等式 $2^x>3$ 的解集。

解析：由 $2^x>3$，得 $\log_2 2^x>\log_2 3$，即 $x>\log_2 3$，不等式的解集为 $(\log_2 3,+\infty)$。

【案例说明】 我们可以抽取为"用对数函数的单调性比较指数幂的大小"。

目前,我们在抽取高中数学知识关系与属性时还是凭人工经验的方式,因此在实际应用中会面临如下几个问题:

一是数据规模。如果我们将中学数学竞赛类和相关学科(计算机、物理、化学等)的数学知识引入目前我们所建立的知识结构,那么依靠人工标注数据几乎是很难完成的任务。

二是学习能力。在一般情况下,实体间的关系和实体对的出现频率按长尾分布,大量的数学知识点之间仅有很少的关系,抽取不一定精准。

三是复杂语境。实际应用中,大量的实体间关系表现在一个问题中的多个句子里,这样关系的抽取就变得比较复杂。

通过信息抽取,我们能从原始的非结构化数据中获得实体、关系以及实体属性信息。但是这些信息是碎片化的、散乱的,就像是在拼图前,你仅拥有拼图的碎片(甚至有些是会对拼图产生干扰的错误碎片)。要得到完整的知识结构图,我们必须完成知识融合这一步。

(二)知识融合

知识融合是指在信息抽取的基础上,需要对新知识进行整合,以消除矛盾和歧义,同时对这些碎片知识进行逻辑链接。它包括实体链接与知识合并两部分内容:

1. 实体链接

实体链接,是将从文本中取得的实体对象,将其链接到知识库中对应的正确实体对象的操作。例如,在求函数 $y=\sqrt{3^x-1}$ 的定义域的过程中,我们将解不等式 $3^x \geqslant 1$ 链接到指数函数单调性的下位概念,解指数不等式。

在前面的实体链接中,我们已经将实体链接到知识库中对应的正确实体对象,但是这种链接往往是从半结构化数据和非结构化数据那里通过信息抽取提取数据。

【案例 2.3】

如果 $a_n=2^n$,$b_n=3n+2$,$n\in \mathbf{N}^*$,数列 $\{a_n\}$、$\{b_n\}$ 的公共项按原顺序构成

新数列 $\{c_n\}$，求数列 $\{c_n\}$ 的通项公式。

解析：$c_1=8$，若 $c_n=2^p=3m+2$，则 $2^{p+1}=2 \cdot 2^p=6m+4=3(2m+1)+1 \notin \{3n+2\}$，而 $2^{p+2}=4 \cdot 2^p=6(2m+1)+2 \in \{3n+2\}$，得 $c_{n+1}=2^{p+2}$。由 $\dfrac{c_{n+1}}{c_n}=\dfrac{2^{p+2}}{2^p}=4$，得 $c_n=8 \cdot 4^{n-1}=2^{2n+1}$。

【案例说明】 从解析过程和求解结果可以看出，数列 $\{c_n\}$ 的本质属性是等比数列。我们将求 c_n 链接到"等比数列通项"。

2. 知识合并

除了半结构化数据和非结构化数据以外，我们还有更方便的结构化数据的来源，即外部知识库，这就是知识合并。知识合并是将已经结构化的数据进行合并，形成更广泛的知识库。

例如我们将人教版和沪教版高中数学课本中所体现的知识进行合并，也可以将初中数学的知识合并在高中的数学知识库中，以形成更大的知识库。

（三）知识加工

在前面，我们已经通过信息抽取，从原始语料中提取了实体、关系与属性等知识要素，并通过知识融合，消除实体指标项与实体对象之间的歧义，得到一系列基本的事实表示。在此基础上，我们进行知识加工，使知识形成结构化、网络化体系。知识加工主要包括三个方面内容：本体构建、知识推理和质量评估。

1. 本体构建

本体是指学科内的基本实体和实体间的关系。高中数学中的基本知识实体，主要是在《课程标准》和教材中出现的概念及基本事实，而本体构建的任务是厘清知识实体间的同位关系以及上下关系。

比如"幂函数""指数函数"和"对数函数"，它们彼此之间是同位关系，但都是"函数"的下位概念；又如"椭圆""双曲线"和"抛物线"，它们彼此也是同位关系，也都是"圆锥曲线"之下的概念。

2. 知识推理

知识结构在完成本体构建后已经初具雏形，但是知识之间的关系存在残缺，采用知识推理,可进一步完善知识内容,形成知识结构的闭环。

知识推理满足的条件是两个实体组成的集合不是空集。如果我们判定"椭圆"与"多面体"之间没有公共数据,那么它们之间不形成知识推理。反之,当两个实体有公共数据,那么它们之间存在知识推理。知识推理的对象可以是实体间的关系,也可以是实体的属性值等。

下面我们以"集合之间的关系"与"集合运算"为例来反映知识推理的过程,其中教材中的顺序依次为子集、交集、并集、补集。

【案例 2.4】

```
                    ┌── 集合之间的关系 ── 子集 A⊆B ┬── 真子集 A⊂B
集合 ──┤                                          └── 相等 A=B
                    └── 集合的运算 ┬── 交集 A∩B
                                    ├── 并集 A∪B
                                    └── 补集 Ā
```

集合 $A \xrightarrow[A \supseteq A \cap B]{\text{包含}}$ 交集 $A \cap B$ （1）

子集 $A \subseteq B \xrightarrow[A \cap B = A]{\text{相等}}$ 交集 $A \cap B$ （2），(2) $\Rightarrow A \cap B = A$, 则 $A \subseteq B$

集合 $A \xrightarrow[A \subseteq A \cup B]{\text{包含于}}$ 并集 $A \cup B$ （3），$\left.\begin{array}{c}(1)\\(3)\end{array}\right\} \Rightarrow A \cap B \subseteq A \cup B$

子集 $A \subseteq B \xrightarrow[B = A \cup B]{\text{相等}}$ 并集 $A \cup B$ （4），(4) $\Rightarrow B = A \cup B$, 则 $A \subseteq B$

集合 $A \xrightarrow[A \cup \bar{A} = U]{\text{定义}}$ 补集 $\bar{A}$ （5），(5) $\Rightarrow A \subseteq B$, 则 $\bar{A} \supseteq \bar{B}$

$\left.\begin{array}{c}(2)\\(5)\end{array}\right\} \Rightarrow \overline{A \cap B} = \bar{A} \cup \bar{B}$

$\left.\begin{array}{c}(3)\\(5)\end{array}\right\} \Rightarrow \overline{A \cup B} = \bar{A} \cap \bar{B}$

我们将上述内容用知识图表示为下图,其中的无箭头线表示前面分析的关系。

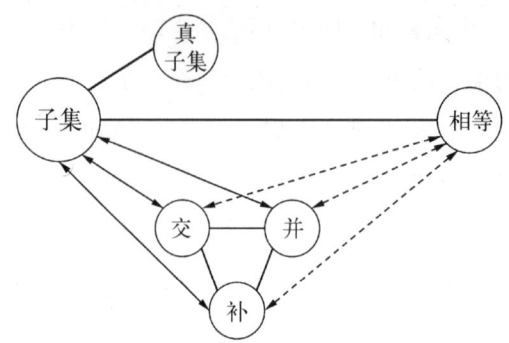

图 2.1.1 "集合之间的关系"知识图表

双箭头实线表示的关系包括以下性质：

$$A \cap B \subseteq A, A \subseteq B \Leftrightarrow A \cap B = A;$$
$$A \cup B \supseteq A, A \subseteq B \Leftrightarrow A \cup B = B;$$
$$A \subseteq B \Leftrightarrow \overline{A} \supseteq \overline{B}。$$

双箭头虚线表示的关系如下：

交换律：$A \cap B = B \cap A, A \cup B = B \cup A$；

结合律：$A \cap (B \cup C) = (A \cap B) \cup (A \cap C), A \cup (B \cap C) = (A \cup B) \cap (A \cup C)$；

达摩根定理：$\overline{A \cap B} = \overline{A} \cup \overline{B}, \overline{A \cup B} = \overline{A} \cap \overline{B}$。

3. 质量评估

质量评估也是知识结构构建过程的重要组成部分。它的意义在于可以对知识的可信度进行量化，通过舍弃置信度较低的知识来保障知识库的质量。

比如"函数的周期"，我们描述为"对任意 $x \in D$，存在常数 $T \neq 0$，有 $f(x+T) = f(x)$，称 T 为函数 $y = f(x)$ 的一个周期"。实际应用中，形如"$f\left(x + \dfrac{T}{2}\right) + f(x) = 0$""$f\left(x + \dfrac{T}{2}\right) = -\dfrac{1}{f(x)}$"以及"$f\left(\dfrac{T}{2} - x\right) + f(x) = 0$ 且 $f(x) = f(-x)$"都能表示函数 $y = f(x)$ 是周期为 T 的函数，但是为了知识库的质量，我们仅保留引号中周期函数的概念，舍弃了后面各种表述。

完成了知识加工这一步，梳理后的知识可以结构化地以图谱的方式直接呈现。下面我们以集合单元与对数知识为例作简单回顾。

【案例 2.5】 集合单元知识结构图

实体抽取：对象、集合、元素、有限集、无限集、常用数集、空集、区间、列举法、描述法、文氏图、子集、真子集、相等、交集、并集、全集、补集。

关系与属性抽取：属于、不属于、分类、关系、包含、真包含、相等。

下图为集合单元知识结构图，图中的连线表示关系，这里仅给出第一层关系的名称、第一层到第二层的关系链接。

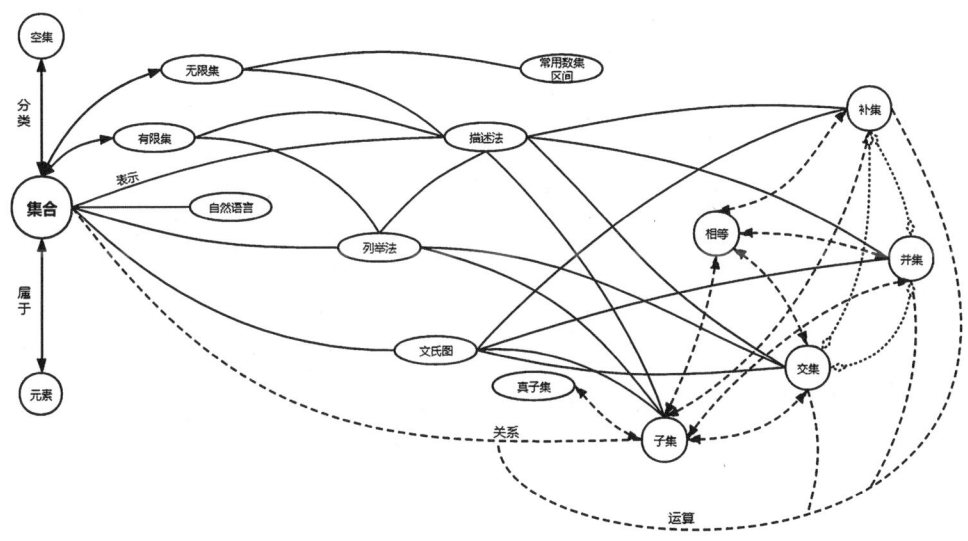

图 2.1.2　集合单元知识结构图第一层至第二层

【案例 2.6】 对数知识结构图

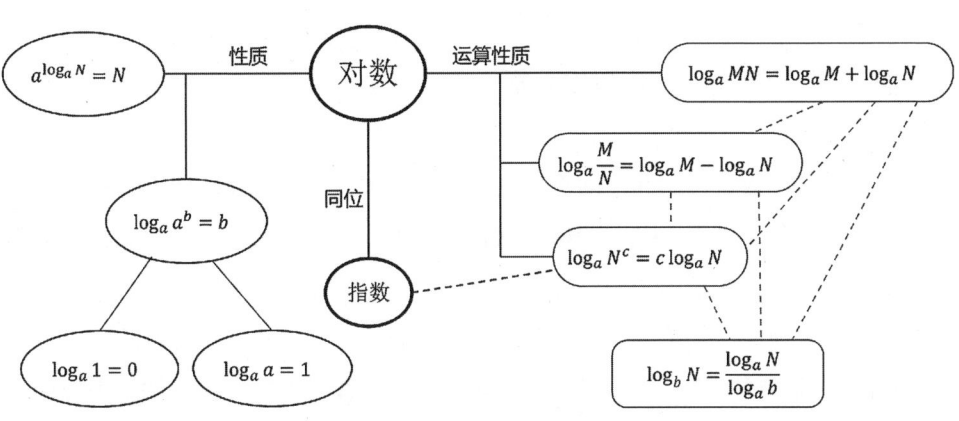

图 2.1.3　对数知识结构图

（四）知识更新

随着社会的发展和教学改革的不断深入，高中数学的知识会适时调整与更新，这就是知识更新。

例如，2020年沪教版高中数学必修第一册增加的内容有："三角不等式""幂的基本不等式""常用否定形式"等；调整的内容有："指数函数""对数函数"作为具体的函数提前至"函数"概念前，又将"函数关系的建立"移至"函数的基本性质"之后作为"函数的应用"。这样我们就需要对已有的知识结构作增量更新，即以目前新增数据为输入，向现有的知识结构添加新增知识。知识库的更新包括概念层的更新和数据层的更新。

梳理知识内容，使知识结构以图谱的形式可视化地呈现，不仅能改善语义搜索能力，诊断出学习者的知识盲区，更主要的是它为学生运用网络学习平台开展自适应学习提供了前提条件，为课堂教学的流程再造奠定了基础。认知智能是高级人工智能的关键所在，认知智能的实现依靠的则是知识图谱。知识图谱构建以后，可以关联教材、习题、视频等教学资料，完善和丰富教学资源。同时，根据知识图谱对相关的教学材料打上匹配的标签，能够客观地刻画出学生的知识掌握程度，记录易错的知识，合理推送学习内容，优化学习路径，帮助他们建构知识体系。线下的传统课堂中，教师"传道解惑"的流程可以被线上视频课程与习题讲解所替代。随着人机交流的不断趋于顺畅，大量的知识性学习都能在学习平台上进行，即线下课堂中的大量内容移至线上课堂，为线下改善课堂学习的流程再造提供了时间与空间的保障。

第二节　数学知识结构化分析

数学是研究数量关系和空间形式的科学。它源于对现实世界的抽象，基于抽象结构，通过运算、推理、建模等，理解和表达现实世界中事物的本质与属性。中学数学课程不仅要关注学生知识技能的掌握，更要关注数学学科核心素养的形成和发展。开发合理的评价工具，将知识技能的掌握与数学学科核心素养的达成有机结合，建立目标多元、方式多样、重视过程的评价体系，这需要在数学知识细分的基础上，进行结构化的梳理与分析。因此我们对数学知识从三个维度上进行了梳理。

一、从知识内容维度上细分实体与属性

中学数学的课程是单元为整体呈现的,它通过章、节到每课时的学习内容形成不断细分的过程。在此基础上,我们对其中的实体再作进一步细分,直至实体是单一和明确的,并标注实体和实体之间的关系。

【案例 2.7】 在集合单元中,按《课程标准》,课本分为:

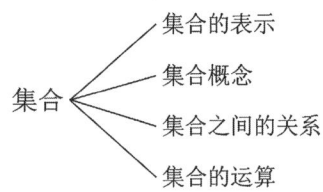

图 2.2.1 课本中对集合内容的划分

而我们对其中的一节又进行了梳理:

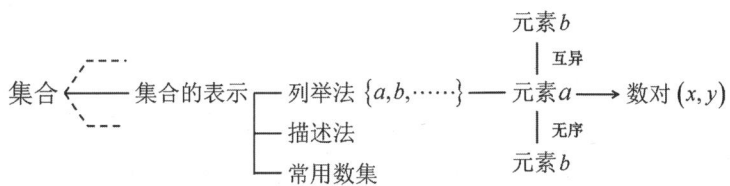

图 2.2.2 从知识内容维度上细分"集合的表示"

举例说明:已知集合 $A=\{1, x^2\}$,$x \in A$,求 x。

分析:当 $x=1$ 时,$x^2=1$,不符;当 $x=x^2$ 时,解得 $x_1=0$,$x_2=1$(舍)。根据解析过程,我们将此道习题归属于集合元素的互异性。

通过知识内容的细分,能使我们更精细地得到实体、属性以及属性值,能准确地评价学生在知识内容点上的掌握情况,及时发现学生的知识盲点。同时为了全面刻画学生的学情画像,也需要了解他们基础知识与基本技能(俗称通性通法)掌握的情况。为此我们又对数学知识作了结构化的提炼,确定了高中数学各单元中的基础知识及基本技能。

【案例 2.8】 在函数最值(值域)求解中,我们设定的基本知识有:
(1) 常见函数最值(指的是一次函数、二次函数、反比例函数、幂函数、指数函

数、对数函数这类基本类型的函数);

(2) 相同单调性的和函数的最值(指的是常见函数);

(3) 基本不等式求最值;

(4) 利用函数的单调性求最值。

例:a 为已知常数,函数 $f(x)=x+\dfrac{a}{x}(x \geqslant 1)$,求函数 $y=f(x)$ 的最小值。

分析:当 $a=0$ 时,$f(x)=x$,$x \geqslant 1$。当 $x=1$ 时,$y_{\min}=1$;(常见函数最值)

当 $a<0$ 时,$y=x$、$y=\dfrac{a}{x}$ 在 $[1,+\infty)$ 上是严格增函数。当 $x=1$ 时,$y_{\min}=1+a$;(相同单调性的和函数的最值)

当 $a>1$ 时,当且仅当 $x=\sqrt{a}$ 时,$y_{\min}=2\sqrt{a}$;(基本不等式求最小值)

当 $0<a\leqslant 1$ 时,$y_2-y_1=(x_2-x_1)\dfrac{(x_2 x_1-a)}{x_2 x_1}$,$x_2>x_1 \geqslant 1$ 时,$y_2-y_1>0$,$y=f(x)$ 在 $[1,+\infty)$ 上是严格增函数。当 $x=1$ 时,$y_{\min}=1+a$。(利用函数的单调性求最值)

【案例说明】 在求解函数最值的运算中,我们设定能形变成基础知识的基本技能是:换元法。如:在求解函数 $y=\dfrac{x}{\sqrt{x-1}}$ 的最小值时,我们设 $t=\sqrt{x-1}>0$,那么 $y=\dfrac{t^2+1}{t}=t+\dfrac{1}{t}(t>0)$,利用基本不等式,当且仅当 $t=1$ 即 $x=2$ 时,$y_{\min}=2$。

由此可见,在数学的通性通法层面上,找出学生认知结构的缺失,也是精准诊断学生学情的必要环节。数学知识以"点"分布,以"线"贯穿,以"群"凝聚,它的核心是各个部分之间关系。所以知识内容结构化分析既要细分到"知识点",又要通过知识点之间的关系厘清"知识面",最终形成知识体系。

二、从数学方法维度上厘清解决问题的过程

上海市教育委员会教学研究室编著的《高中数学单元教学设计指南》中指出,要全面理解教材的编写意图、明确教学内容的整体结构、把握核心内容和主要思想方法。《课程标准》没有明确阐述不同知识点如何组合在一起,教学不能仅仅按照

具体的知识点罗列进行,还要重视对蕴含于知识与技能之中的数学思想方法的教学。因此,在解决数学问题过程中,必须评价学生对数学思想方法的合理运用。

数学的思想方法是指分析、综合、联想等思维方式,即会用数学的眼光观察事物,用数学的原理来理解事物,其表现为去粗存精、去伪存真、由此及彼、由表及里地认识事物的过程。它可以通过正确使用解决问题的手段(俗称数学方法)在数学活动中表达的。因此,我们能从数学的基本活动所形成的观点和方法来评价学生对数学问题的理解。

(一)数学方法的属性及其指向

我们将数学活动过程中的方法属性分为两类。一类侧重于思维方式,主要是指:函数思想、方程思想、数形结合、化归、分类讨论等;第二类侧重于数学技能,主要是指:待定系数、递推归纳、反证法、分离变量、换元、代入消元、枚举等。对每一种方法,我们都明确了它的各种属性及属性指向。

【案例 2.9】 "化归思想"的属性

对每一种方法都要明确它的属性,比如我们将"化归思想"描述为:用转化的观点将复杂的新问题归结为熟悉的问题。

举例说明:设 $a_1, a_2, a_3, a_4, a_5, a_6$ 是 $1, 2, 3, 4, 5, 6$ 的一个排列,求满足 $|a_1-a_2|+|a_3-a_4|+|a_5-a_6|=3$ 的排列共有几个。

分析:这是一个不熟悉的新问题,我们将它化归为熟悉的问题"有 A, B, C, D, E, F 共 6 名学生排成一排,A 与 B,C 与 D,E 与 F 都相邻",那么共有 $2^3 \cdot P_3^3 = 48$ 种排法。

在梳理"数形结合"的方法过程中,我们得到的属性指向的结论是:(1)用数解决形的问题;(2)用形解决数的问题;(3)数与形结合解决问题。下面我们举两个实例来说明。

【案例 2.10】 棱长为 1 的正方体 $ABCD-A_1B_1C_1D_1$ 中,任取两个顶点构成 $\overrightarrow{a_i}(i=1, 2, \cdots)$,求 $\overrightarrow{AA_1} \cdot \overrightarrow{a_i}$ 所有可能的值。

解析：以顶点 A 为原点，使 AA_1 所在直线为 z 轴，如图建立坐标系，则 $\overrightarrow{AA_1}=(0,0,1)$，而 $\overrightarrow{a_i}=(x_i, y_i, z_i)$，$\overrightarrow{AA_1} \cdot \overrightarrow{a_i} = z_i$。因为 z_i 的取值为 $0, 1, -1$，所以 $\overrightarrow{AA_1} \cdot \overrightarrow{a_i}$ 所有可能的值为 $0, 1, -1$。

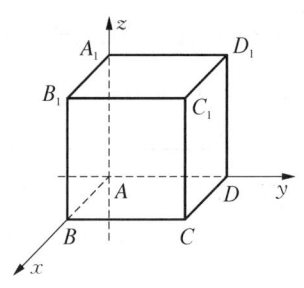

图 2.2.3
正方体 $ABCD-A_1B_1C_1D_1$

【案例说明】 这是空间向量数量积的问题。顶点构成的 $\overrightarrow{a_i}$ 共有 56 个，几何上逐个考察它与 $\overrightarrow{AA_1}$ 的数量积相当繁琐。我们建立空间坐标系从数的角度观察它们的数量积，仅有三种情况，简化了解决问题的过程，这是用数解决形的问题。

【案例 2.11】 函数 $f(x)=|x^2-1|-(x+k)$ 有且仅有三个零点，求 k 的值。

解析：由 $|x^2-1|-(x+k)=0$，得 $|x^2-1|=x+k$，在同一坐标系中作出 $y=|x^2-1|$ 与 $y=x+k$ 的图像（化数为形），那么图中直线 $y=x+k$ 在 l_1 与 l_2 的位置满足题意。不难观察，$l_1: y=x+1$，下面求 l_2 的位置的 k 值（化数为形）。$\begin{cases} y=x+k, \\ y=-x^2+1, \end{cases}$ 消 y 得 $x^2+x+k-1=0$，$\Delta=1-4(k-1)=0$，所以 $k=\dfrac{5}{4}$。

综上，k 的取值为 1 或 $\dfrac{5}{4}$。

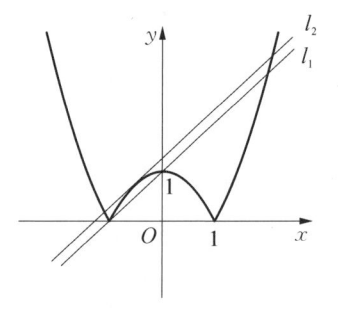

图 2.2.4
同一坐标系中函数 $y=|x^2-1|$ 与 $y=x+k$ 的图像

【案例说明】 我们把关于 x 的方程 $f(x)=0$ 根的分布转化成两个函数图像的公共点，并在观察 $y=|x^2-1|$ 与 $y=x+k$ 的函数图像仅有一个公共点的位置时，又将它转化为方程组 $\begin{cases} y=x+k, \\ y=-x^2+1 \end{cases}$ 的唯一解。解题过程既有化数为形，又有化形为数，这就是数与形结合解决问题。

（二）数学方法的应用场景

厘清侧重于教学技能的方法，必须要明确它的应用场景，以免与基本技能混淆。在《课程标准》或课本中所提到的解决特定问题所用的方法（如"二分法"等），我们将它归为第一部分中的基本技能,有些方法如换元法的名称在第一部分作为基本技能出现过(设 $t=\sqrt{x-1}$),在这里又作为方法出现,它们归属是以难度作区别的。通俗地讲,第一部分换元法作为基本技能直接使用就能形成基础知识,它服务的对象是《课程标准》和课本中明确的概念和属性(利用基本不等式求函数的最值)。而这一部分换元法,是不受《课程标准》和教材设定的,在解决问题这过程中通过分析、筛选、发现事物其他属性的一般方法。

【案例 2.12】

已知:正数 a、b、c 满足 $a^2+b^2=c^2$,求证:$a^{99}+b^{99}<c^{99}$。

解析:由 $a^2+b^2=c^2$ 即 $\left(\dfrac{a}{c}\right)^2+\left(\dfrac{b}{c}\right)^2=1$,设 $\dfrac{a}{c}=\sin\theta$,$\dfrac{b}{c}=\cos\theta$,θ 为锐角,因为 $0<\sin\theta<1$,$0<\cos\theta<1$,得 $\sin^{99}\theta<\sin^2\theta$,$\cos^{99}\theta<\cos^2\theta$。那么 $\sin^{99}\theta+\cos^{99}\theta<1$,则 $\left(\dfrac{a}{c}\right)^{99}+\left(\dfrac{b}{c}\right)^{99}<1$,所以 $a^{99}+b^{99}<c^{99}$。

【案例说明】 它是将正数 a、b、c 的关系置换成 $\dfrac{a}{c}$、$\dfrac{b}{c}$ 的关系,利用 $\left(\dfrac{a}{c}\right)^{99}<\left(\dfrac{a}{c}\right)^2$,$\left(\dfrac{b}{c}\right)^{99}<\left(\dfrac{b}{c}\right)^2$(发现事物隐藏其他属性),由 $\left(\dfrac{a}{c}\right)^{99}+\left(\dfrac{b}{c}\right)^{99}<\left(\dfrac{a}{c}\right)^2+\left(\dfrac{b}{c}\right)^2$ 完成证明,缩短了证明路径。

(三)数学方法的应用过程

厘清数学的方法需要明确它的属性、属性指向以及应用场景。除此之外,我们也要注重学生解决数学问题的过程,借助解决过程评价学生掌握知识的程度。由于知识间的关系分为上下关系和同位关系,数学知识的运用很多时候是若干个知识的并用。那么在求解复杂问题的过程中,就会产生递进与多角度认识事物的过程。比如在数列求和的过程中通常是先利用通项找出数列的规律再进行求和。

【案例 2.13】

直角边为 a、b,斜边为 c 的直角三角形分别绕边 a、b、c 旋转一周的体积为 V_a、V_b、V_c,证明:$\dfrac{1}{V_c^2}=\dfrac{1}{V_a^2}+\dfrac{1}{V_b^2}$。

解析：根据圆锥体积公式不难得到 $V_a=\frac{\pi}{3}ab^2$，$V_b=\frac{\pi}{3}a^2b$，$V_c=\frac{\pi}{3}ch_c^2$，进一步写成 $V_a=\frac{\pi}{3}\left(\frac{a^2b^2}{a}\right)$，$V_b=\frac{\pi}{3}\left(\frac{a^2b^2}{b}\right)$，$V_c=\frac{\pi}{3}\left(\frac{a^2b^2}{c}\right)$，由勾股定理 $a^2+b^2=c^2$，可得 $\frac{1}{V_c^2}=\frac{1}{V_a^2}+\frac{1}{V_b^2}$。

【案例说明】 从解析中可以看到，解题的过程分为两个环节，即先求出所要证明的结论中的体积，并用熟悉的边长表示它们，再由勾股定理 $c^2=a^2+b^2$ 归纳出结论。这个求解过程的评价指标分为两个层面：会将几何体分割成两个圆锥并用圆锥的体积公式求 V_c；能结合勾股定理归纳出代数式的等量关系。

三、从核心素养的维度分析，剖析解决问题的关键能力

数学学科核心素养包括：数学抽象、逻辑推理、数学建模、直观想象、数学运算和数据分析。它是数学学科育人价值的集中体现，是学生通过数学学习而逐步形成的正确观念、必备品格和关键能力。数学学科核心素养是数学课程目标的集中体现，是具有数学基本特征的思维品质、关键能力以及情感、态度与价值观的综合体现。它们之间既相对独立，又相互交融，是一个有机的整体。虽然《课程标准》对这六个核心素养作了进一步的描述，但在实施中依然缺乏具体的测评角度和可操作性的客观指标。因此，对核心素养的属性与特征作更进一步的的分析是非常必要的。

本书所涉及的核心素养的分析是基于评价学生解决问题的关键能力的，它所研究的对象是高中数学题库中的习题，它表达的是前面两个维度即知识内容（基础知识、基本技能）、数学方法和过程之外的属性。如本书表达的数学运算是除基础运算、基本技能、基本方法之外的数学运算求解的素养。下面就核心素养中的数学运算和数学建模具体展开阐述我们的观点。

（一）数学运算

在《课程标准》中，描述的是明晰运算对象的基础上，依据运算法则解决数学问题的素养，主要包括：理解运算对象，掌握运算法则，探究运算思路，选择运算方法，设计运算程序，求得运算结果等。数学运算是解决数学问题的基本手段。数学运算是演绎推理，是计算机解决问题的基础。从数学运算素养内涵中可得的关键

词为：运算对象、运算法则、运算思路、运算方法、运算程序、运算结果。而数学的习题通常注明了运算对象，设定了运算结果，而法则是可以通过基础运算、基本技能和方法体现的，所以我们在题库建构的过程中保留的是"运算思路"和"运算程序"。在此基础上，我们将其他关键词赋予了属性指向来描述基本技能与方法之上的运算求解，并保留了《课程标准》中数学运算的作用和表现形式，多角度观测指标最终厘定。

基于上述事实，我们将数学运算描述为：能将所解决的问题转化为运算求解问题，明确运算的方向，选择运算方法，设计运算程序，求得运算结果。

【案例 2.14】 椭圆 $C：\dfrac{x^2}{4}+y^2=1$，O 为坐标原点，F_1、F_2 是椭圆的左、右焦点。判断椭圆 C 上是否存在点 P，使 $|PF_1|^3$、$|OP|^3$、$|PF_2|^3$ 构成等差数列，并说明理由。

解析：由 $|PF_1|+|PF_2|=2a=4$，设 $|PF_1|=2-d$，$|PF_2|=2+d$，其中 $-\sqrt{3}\leqslant d\leqslant\sqrt{3}$，则 $|PF_1|^3+|PF_2|^3=(2-d)^3+(2+d)^3=16+12d^2\geqslant 16$，当 $d=0$ 时取到等号，此时点 P 为上、下顶点。而 $1\leqslant|OP|\leqslant 2$，$2|OP|^3\leqslant 16$，等号当 P 为左、右顶点时取到。那么 $2|OP|^3\leqslant|PF_1|^3+|PF_2|^3$，即椭圆上不存在点 P，使 $|PF_1|^3$、$|OP|^3$、$|PF_2|^3$ 构成等差数列。

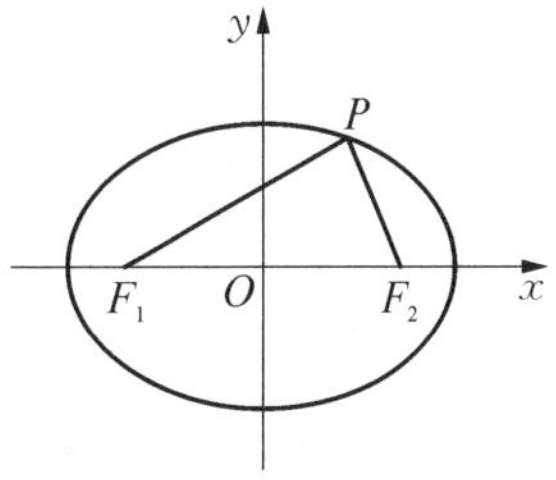

图 2.2.5 椭圆 $C：\dfrac{x^2}{4}+y^2=1$ 的图像

【案例说明】 本题的解法是首先将求解满足 $\dfrac{x_0^2}{4}+y_0^2=1$ 的点 $P(x_0,y_0)$ 的坐标转化为比较 $|PF_1|^3+|PF_2|^3$ 与 $2|OP|^3$ 大小的演绎推理，重新设计求解问题，在 $|PF_1|^3+|PF_2|^3$ 表达时由椭圆的定义 $|PF_1|+|PF_2|=4$，将 $|PF_1|^3+|PF_2|^3$ 用一个量表示，明确了运算方向，联想到 $|PF_1|$、2、$|PF_2|$ 成等差数列，再次调整运算方向，将 $|PF_1|^3+|PF_2|^3$ 用公差 d 来表示，优化了运算程序，最终解决问题。

(二) 数学建模

《课程标准》中指出，数学建模是对现实问题进行数学抽象，用数学语言表达问题,用数学方法建构模型解决问题的素养。数学建模过程主要包括:实际情境中从数学的视角发现问题、提出问题、分析问题、建立模型、确定参数、计算求解、检验结果、改进模型,最终解决实际问题。数学建模主要表现为:发现和提出问题,建立和求解模型,检验和完善模型,分析和解决问题。综上描述,我们不难发现,数学建模与数学抽象和数据分析以及数学运算等核心素养是交融的。因此,要界定好这些核心素养在求解数学问题中各自的地位和作用,使题库中的每一个体现核心素养的数学习题都有明确的归类。与此同时,在实际操作中,我们还发现数学建模与数学应用题是密切相关的,为了区分它们,同样也要明确彼此的属性特征。

因此,我们对数学建模相关的关键词语作出梳理和评析,这些关键词语包括"问题""模型""参数""检验""分析"。我们选定了二十五位一线教师对上述五个词语作了筛选,请他们删去一个他们认为与数学建模关联最弱的词语,百分之九十六的教师删除的项是"分析",给出的理由是该词表达的内容不够明确。我们又对"模型"词语作了进一步的细化调查,同样请参与者删去两个与数学建模关联最弱的属性指向,即从"给出模型""发现模型""筛选模型""改良模型""建立模型"中删去其中的两项。所有问卷一致删去"给出模型",而另一个删去的选项是"发现模型"或"筛选模型"。随后我们又对"筛选模型"作了狭义的界定:即在给出的两个或三个模型中选择一个最接近实际问题的模型。大部分教师认为"筛选模型"与"给出模型"没有本质的区别,最终选择了保留"发现模型"。数学建模是体现在数学教学的各种活动过程中的,在《课程标准》中已有全面的描述。然而,目前我们的知识结构化分析主要针对的是题库建设,在习题中反映数学建模的特征相对较少,在删除"筛选模型"条件下一般鲜有确定参数的要求。根据《课程标准》,我们可以用更接近测评的语言来描述数学建模在习题中的表现特征。

由此,我们将数学建模这一素养划分为:发现模型,改进模型,求解模型。

【案例 2.15】 2015 年,为保障行车安全,有关方面决定自 3 月 14 日起对 1983 年启用至今的延安东路隧道进行大修,采取"浦西往浦东方向通行,浦东往浦西方向绕行"的交通组织模式。A 点是原延安东路隧道浦东入口处,B 点是人民路隧道入口处,C 点是复兴东路隧道入口处,A、B、C 三点可近似地看成一条直线,已知

AB 间的距离约为 $1.2\,\text{km}$,BC 间距离约为 $0.8\,\text{km}$。现有一车辆在银城路浦东南路路口的 D 处,此路口到 A 点距离约为 $0.8\,\text{km}$,此处连结 A 点与 B 点的线段张角约为 $70°$,请问这个路口到复兴东路隧道入口的距离约为多少 km?(结果精确到 $0.1\,\text{km}$)

解析:在 $\triangle ABD$ 中,$\dfrac{AB}{\sin\angle ADB} = \dfrac{AD}{\sin\angle ABD}$,得 $\sin\angle ABD = \dfrac{0.8 \cdot \sin 70°}{1.2} \approx 0.626$,因此 $\angle ABD \approx 38.79°$,$\triangle ABD$ 中,$\angle A \approx 71.21°$,而在 $\triangle ACD$ 中,$CD^2 = AD^2 + AC^2 - 2AD \cdot AC \cdot \cos A \approx 3.61$,因此 $CD \approx 1.9$,即 DC 间的距离约为 $1.9\,\text{km}$。

【案例说明】 这是一道实际生活的应用题,需要学习者在数量与图形中抽象出数学边与角的概念,发现它是三角函数模型中求解两个三角形的问题,并利用正弦和余弦定理,最终求出浦东南路路口 D 到复兴东路隧道入口 C 的距离。我们将它归属于体现数学建模核心素养的习题库。

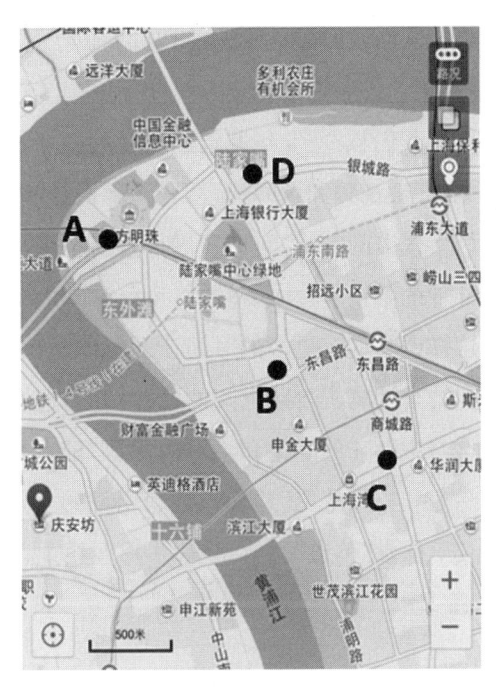

图 2.2.6

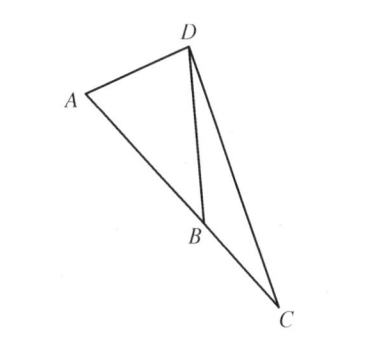

图 2.2.7 例 2.14 中抽象出三角函数模型中求解三角形问题

从核心素养维度上厘清对知识结构化分析梳理并运用于题库建设,需要明确六个核心素养在数学学习中的作用与地位,对每一个习题,从知识内容上区分它们的属性,并通过可测评的属性值描述它们各自的特征。这就能在学生的练习过程中描绘出他们掌握核心能力的情况。

完成数学知识结构化,在此基础上对每个习题作出不同维度归属分析,就能记录学生在学习数学基础知识、基本技能、基本思想与方法以及基本活动中的得失,也能及时发现学生解决问题的能力强弱,能多视角地评价学习过程,提高学习效能。

我们从2015年起借助互联网技术进行高中数学课堂流程再造,创建了"云课堂"即微视频和题库建设,并将微视频和习题都指向了结构化的若干个知识点。我们集优秀的教师,对课程进行重新整理与编排,将每堂四十分钟的课浓缩成五到七分钟的微视频传入云端,将传统课堂的知识引入和概念理解提前供学生自主学习,这样课堂就有更多的时间让学生体验数学活动。我们的题库建设是基于知识结构图结合计算机自动批阅的答题功能,通过三个维度的标签,可视化让学生了解自己学习中存在的问题和学习的优势,能利用计算机自动推送习题实现个性化的补偿练习和提高练习。同时,自动化批阅与诊断为教师教学带来便利,提高了效率,将线下课堂"传道"、"解惑"逐步移至线上,线下课堂为学生"悟道"、"得道"留出宝贵的时间。

第三章　微视频的制作

随着时代的发展,微视频已经成为生活中不可或缺的一部分,随处可见有人在创作、编辑或传播这样的视频,各种平台的兴起使每个人都有可能成为自媒体的采编和传播者。在这样的背景下,教学微视频应运而生,并逐渐被广泛应用于教学中。市西中学数学组从 2015 年开始系统的制作高中数学微视频,并以此作为再造课堂教学流程,改进传统课堂教学方式的基本条件。我们根据高中数学课程标准和教材,对高中数学知识点进行了细分和结构化梳理,在此基础上,形成了制作微视频的基本思路,并聚焦高中数学的概念和方法,制作了一套比较完整的微视频,在日常的数学教学中进行运用,并不断完善。

第一节　微视频制作的基本思路

教育类微视频区别于娱乐类微视频。教育的属性是这类微视频的第一性,因此教育类微视频更强调内容的知识属性,其制作都是围绕着学生的认知特点与知识内容而展开的。教育类微视频从形式上要能尽可能地吸引学生的眼球,调动学生的多元感官,激发学生的学习热情;从承载内容上要结合视频的应用场景,想要达成的学习目标并兼顾学习进度,因此在长时间的经验总结下可以形成一系列系统化的制作流程与可操作的步骤,而这些微视频制作成熟经验的获得首先有赖于对已有教育微视频制作经验的传承与发展。

一、教育类微视频概述

随着信息技术的发展,以可汗学院和 Coursera 平台为代表的一批机构和组织,率先制作了各类课程的微视频,依托互联网的传播,提供了一种新型的线上学习方式。他们在大量制作微视频的基础上逐渐形成了各自的特点,为我们更好的制作高中数学微视频提供了一些可供参考和借鉴的经验。

可汗学院受美国林地公园高中"翻转课堂"、美国密西根大峡谷大学数学教师"颠倒的教室"启发,从最初的单一的教学视频的开发,发展到"应用微视频和相应的一整套新型组织管理模式,改变传统课堂教学体系",成为最有影响力的课程形态之一。提到"可汗学院"可谓是现代互联网教育的鼻祖,引领了数字化时代的教学变革,其在很多方面都值得我们学习和借鉴。可汗学院的微视频是免费向公众开放的自主学习资源,包含数学、物理、化学、法律、金融、计算机、天文等多学科和领域。这些微视频具备以下的一些特点:

1. "共情感"授课。[①] 教师在讲授的过程中总是以初学者的思维方式进行,这种方式更容易被接受、理解。

2. 利用自对话模式给学习者创造思考空间。[②] 教师在微视频中以自对话、自问答的方式呈现课程内容,有利于保持学习者的注意力,也促进学习者的自我反思能力和自我认知水平的提升。

3. 以真实的案例为基础开展教学。[③] 可汗学院课程讲解概念大多是以案例为基础,依托案例简化概念教学过程,知识被赋予了应用的情节,有利于学习者理解知识的应用价值。

4. 幽默化的授课风格和可视化的图解语言。[④] 这种教学风格营造了轻松有趣的学习氛围,能够有效调节学习者的学习状态,激发学习者的潜力与兴趣,而利用可视化的图解语言讲解知识内容,则能让所讲解的知识变得更加生动可感。

可汗学院汇聚名师制作的各类微视频实施动态化管理,确保课程的时效性,让知识的学习变得高效简单,其影响面最广,也是内容体系、评价系统最为完备的。

[①] 聂炬.国内外微视频课程资源应用分析[J].中国教育技术装备,2016(14):151-152.
[②] 同①.
[③] 同①.
[④] 同①.

二、微视频对于课堂教学变革的意义

每个时代对人才都有着不同的需求。而社会对于人的培养贯穿小学、初中、高中的教学。这期间学习习惯的养成，合作精神的培养，深度学习能力的开发都对后续的深造有着深刻的现实意义。在现今社会中，我们处于一个知识信息爆炸的时代，这就对一个人获得与处理信息以及生成并应用经验的能力提出了非常高的要求。在数学教学中，我们更要在为学生后续学习打下坚实基础的同时，不仅仅单纯地对于知识进行授业、解惑，更要在此基础上培养学生的自主学习能力、独立思考能力、处理复杂问题的能力以及创新能力等。而课堂在学生的整个教育教学过程中更承载了主战场的作用，因此这些能力的培养与生成都要靠日常的点滴积累与逐步强化。但是不论在何种时代背景下，教学的变革目的都是关注"人"作为学习本体更好、更全面的发展。因此聚焦于现代社会对于人发展的要求，教学变革也承载了更丰富的育人目标。

首先，微视频的先导让学生可以利用碎片化的时间，多渠道的手段获取知识信息。符合现代人的认知特点，充分调动学习者的主观能动性同时在课堂教学之前预留出充分的缓冲与思考时间，让知识的学习更适应个体特色，充分体现了获取信息的有效性和高效性。

其次，微视频的先导下的课堂，为学习速度较慢的同学带来福音，课堂教学建立在基础知识内容已经初加工的基础上，让这部分平时在课堂教学中没有话语权的学生有机会更自信地参与到课堂的研究与讨论中，从自信中逐步生成学习数学的兴趣。

再次，在精品微视频的先导下，让新知的学习更加科学精准，避免因为教师个体差异与理解偏差为学生新知的获取带来不必要的弯路。

最后，针对我国的国情，微视频教学这种突破了时间与空间局限的教学方式将成为促进教育公平的最强而有力的手段。特别在国家精准扶贫战略思想的引领下，让教育扶贫，教育帮扶有的放矢。其中最典型的例子莫过于2018年12月份人民日报报道的"这块屏幕可能改变命运"，报道记录了由一根网线，一块屏幕所连接的两端，一端是教育资源丰富，师资力量强大的成都七中，另一端连接的是248所贫困地区中学，这200多所学校全天候跟随成都七中平行班直播，一起上课、作业、考试。有的学校出了省状元，有的本科升学率涨了几倍、几十倍。这篇报道一出给大家带来非常大的震撼，好的教育资源可能改变孩子的一生，而直播，微视频等形式让优秀教育资源的共享成为可能。

三、微视频制作的原则要求

微视频一个基本特点是"微",在制作的过程中,则通过"精改"与"浓缩"体现这一特点。而且,微视频的制作要以学生的认知特点、认知能力为基本的出发点,切不可盲目拔高或偏离课标与教材对本节课教学内容的要求与定位。概括地说,微视频制作的原则性要求包括:形式上要短小简练,内容上要关注学生的认知基础。

(一)短小简练,体现"微"字

微视频关键在于一个"微"字,它是课堂教学内容的浓缩。我们不是将原始传统课堂教学模式中 40 分钟左右的课堂一比一的还原在微视频中,而是要对这部分内容进行精简与浓缩。学生观看微视频的目的也不在于全方位深入化地理解和消化知识,而是知道并熟悉将要在课堂中所要展开讨论的知识,并且通过预学形成对于本节课基础知识与基本技能的初步思考,哪些是自己自主学习已经获取的知识,哪些又是需要在课堂中亟待解决的"问题",这样学生在线下的课堂中任务明确,有利于课堂高效性的达成。例如:在函数的奇偶性的教学之中,我们所制作的微视频截图如下:

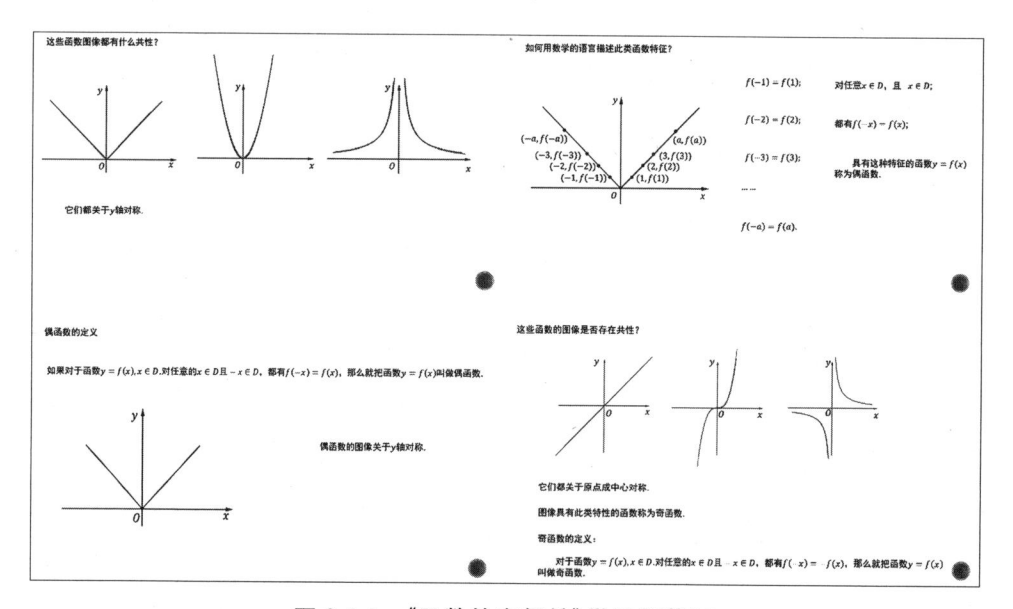

图 3.1.1 《函数的奇偶性》微视频截图

在这段微视频之中我们从函数"形"的对称性特征出发到代数表达式的提炼,过程中从观察、描述到点之间的对应关系再到最后定义的形成,我们聚焦于概念形成的核心,将教科书中的内容进一步细化,降低了学生进行自主学习的门槛,为函数奇偶性定义形成的过程铺设了脚手架。针对学生课前基础题完成情况的统计分析我们了解到,通过观看预学微视频,学生在课前所达成统一的认知起点为:学生能直观地理解具备奇偶性的函数特征。也即偶函数图像关于 y 轴成轴对称图形,反过来,如果一个函数的图像关于 y 轴成轴对称图形,那么这个函数必是偶函数;奇函数图像关于原点成中心对称图形,反过来,如果一个函数的图像关于原点成中心对称图形,那么这个函数必是奇函数。也就是说通过课前的微视频学习,学生对于函数奇偶性及其图像特征有了非常好的把握,但是对于代数定义的认知还有待加强,这也就决定了代数形式的定义与运用将是线下课堂教学的主要难点。

(二)关注认知,落实"准"字

微视频的内容应符合学生的认知特点,准确反映学生的认知起点、学习需要和发展开端。从内容、语言、动画等多维度出发尽可能调动学生的多元感官,让拥有着不同认知特点的学生都能拥有不错的体验,从而更好地激发学生学习数学的兴趣,调动学生自主学习的热情。这也是我们选用微视频先导区别于传统的看课本进行预习的优势所在,我们知道每个学生都有着不同的认知特点,比如有些学生是视觉型认知,有些学生是听觉型认知等等,所以多维度、多层次、多角度的感官刺激能更大程度地提升学生的学习兴趣,从而提高学习效率。

例如:在制作《集合的表示方法》微视频时,我们通过同学们所熟悉的卡通形

图 3.1.2 《集合的表示方法》微视频中以现实情境体现集合表达的无序性原则

象作为问题的载体,所熟悉的现实学习情境作为故事的背景,以动态的动画作为呈现的形式。当学生看到这个微视频时反应非常热烈也极其兴奋,通过几个简单的情境就充分地理解了集合表达中确定性、互异性与无序性的原则。

四、微视频制作的基本流程

微视频的制作要充分考虑学生学习基础和认知特点,降低新知识的学习门槛,运用信息技术和网络工具,调动学生的多元感官,促成新知的理解和掌握。因此,微视频的内容要精选精筛,将其与习题库有效衔接,从而更好地支持课堂教学流程再造,达成将知识学习"移出"传统课堂的教学变革目标。为做到微视频的精简,应该抓好4个制作流程中的每一个环节。

(一)专家备课,团队研讨

要完成一节高质量、高品质的微视频课,首先要形成科学优质的教案,这些教案的形成需要经历反复的打磨。而其中专家型教师的指导以及专业团队的反复研讨与实践都必不可少,我们现在对所使用的课前微视频秉承着多来源、勤实践、常修改的动态化管理机制,做到精益求精。

(二)微视频ppt制作

在制作ppt的过程中注重调动学生多元感官,通过对数学史、数学故事、生活情景的趣味化呈现辅助以生动的动画,为数学知识赋予更多的文化内涵与应用外延,激发学生学习数学的兴趣。

(三)视频录制

通过亲切朴实的声音,让学生在观看微视频过程中关注重点,跟随思考,同时给学生带来课堂教学中身临其境的体验感,营造自主学习氛围,提升自主学习效率。

(四)视频合成

最后一步将ppt与音频合成视频。在前期录制完成的情况下,对于视频进行处理的最后一步就是视频的合成与后期编辑,在这个环节中要将之前录制的声音与图像进行匹配并对画面与声音进行精修,力求让学生在观看微视频期间获得最佳的感官体验。

第二节 概念型微视频的制作

在传统课堂教学过程中,为了帮助学生形成数学概念,教师在课堂上将大部分的时间和精力都花在了"知识与信息的传递",而在数学素养和思维培育方面的时间却被大量的挤占。在将知识学习"移出"传统课堂这一理念指导下的教学实践探索中,我们发现学生通过课前微视频的观看与学习,完全有能力达到"理解"层次的认知水平。因此我们组织优秀教师制作数学概念微视频,引导学生课前自主预学,为课堂教学更加精准与高效,更好聚焦于高阶思维的培育提供保障。

一、概念型微视频的设计思路

为了使微视频能有效传递数学知识与信息,在内容的设计上要做到围绕重点与化解难点,透彻地揭示数学的本质,在形式上要做到短小精悍,将传统数学课堂一节课的概念部分的教学内容,浓缩在一个 5 至 8 分钟的微视频里,以适应学生自主学习的需求。

(一)围绕重点,核心知识全覆盖

在教学过程中我们不难发现,学生以已有知识为基础,有能力依靠自主学习,学会认知水平中"理解"层次的教学内容。因此,在设计概念型微视频时,教师先要明确本节课学生必须掌握的基础知识与基本技能,把握学生可以"理解"的对象和内容。

例如在设计制作沪教版教材"指数函数图像与性质"第一节课的微视频时,依据《教学参考》关于本节课的教学重点:

1. 通过实例引入指数函数 $y=2^x$, $x \in \mathbf{R}$,给出指数函数的定义 $y=a^x$, $x \in \mathbf{R}(a>0$ 且 $a \neq 1)$。教材中由细胞分裂的模型来给出细胞分裂次数 x 与细胞个数 y 的函数关系的解析式 $y=2^x$,在视频中我们也直接使用这一模型作为引入。

2. 用语言描述和观察数值的方法,让学生体会指数 x 的取值范围从有理数集拓展到实数集的过程,幂的运算法则从有理指数拓展到实数指数的过程。教材利用无理数 $\sqrt{2}$ 的不足近似值 $1,1.4,1.41,1.414,1.4142,\cdots$ 对应 $2^1,2^{1.4},2^{1.41},2^{1.414},2^{1.4142},\cdots$,通过计算器计算来经历推广过程。在微视频的设计中,我们借助数字技术辅助这一过程的描述,并增加了过剩近似值的呈现,让学生体会从构造到逼近来完成有理数集到实数集推广的过程。

x	1.4141	1.4142	$\sqrt{2}$	1.4143	1.4145
4^x	7.10089	7.10286	7.10299	7.10384	7.11074

利用 $\sqrt{2}$ 的不足近似值和过剩近似值得到 $4^{\sqrt{2}}$ 是一个介于 $4^{1.4142}$ 和 $4^{1.4143}$ 之间的实数.

图 3.2.1 《指数函数图像与性质》微视频中从有理指数拓展到实数指数

3. 用描点法作出 2 到 3 个典型的指数函数图像。教材通过例 1 给出了 $y=2^x$,$y=3^x$,$y=\left(\dfrac{1}{2}\right)^x$ 的函数图像并借助图像探究指数函数性质。在微视频中,从描点作图到由 $y=2^x$ 得到 $y=\left(\dfrac{1}{2}\right)^x$ 图像的过程,利用简单动画效果就能达到不错的呈现效果,帮助学生通过观察动态图像,对"函数 $y=2^x$ 与 $y=2^{-x}$ 的图像关于 y 轴对称"这一结论有更加直观的认识,为课堂教学中总结、应用相关结论打下基础。

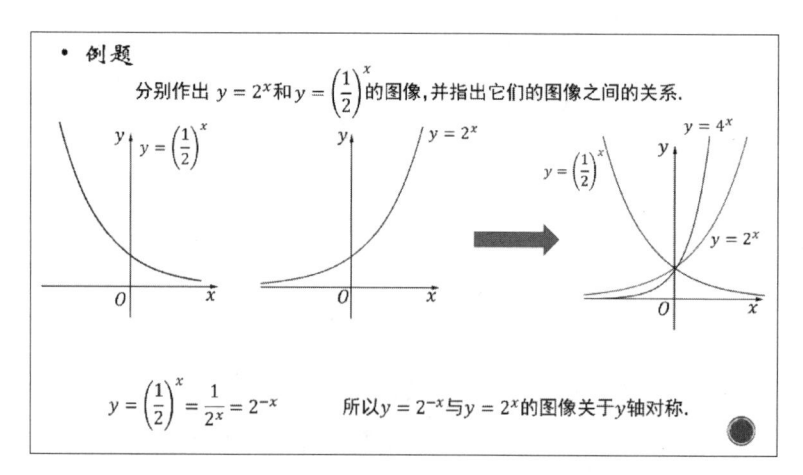

图 3.2.2 《指数函数图像与性质》微视频中借助图像探究指数函数性质

（二）化解难点，典型例题精讲解

在把握教学难点时，教师根据学生的实际水平，学生不易理解的基础知识和不易掌握的技能技巧，在微课视频中通过典型例题指向相关难点，在教学实践中以线上线下相结合的形式化解难点。

以沪教版教材《点到直线的距离》微视频为例，《教学参考》中关于本节内容的教学重点包括：了解通过 $\delta = \dfrac{a x_0 + b y_0 + c}{\sqrt{a^2 + b^2}}$ 值的正负，确定点 P 关于直线 l：$ax + by + c = 0$（a、b 不同时为零）的相对位置的方法。在以往的教学过程中我们发现，学生对这一结论来龙去脉的理解把握是教学中的难点。教材上对这一结论有详尽的解释，具体如下：

"在点到直线距离公式的推导中，我们知道，直线 $ax + by + c = 0$ 将平面分成两部分，当点 $P(x_0, y_0)$ 在直线的法向量 $\vec{n} = (a, b)$ 指向的一侧时，$\delta = \dfrac{a x_0 + b y_0 + c}{\sqrt{a^2 + b^2}} = d > 0$（其中 d 为点 P 到直线的距离）；当点 $P(x_0, y_0)$ 在直线的法向量 $\vec{n} = (a, b)$ 指向的另一侧时，$\delta = \dfrac{a x_0 + b y_0 + c}{\sqrt{a^2 + b^2}} = -d < 0$；点 $P(x_0, y_0)$ 在直线上时，$\delta = \dfrac{a x_0 + b y_0 + c}{\sqrt{a^2 + b^2}} = 0$。"

在本节微视频的设计中，我们对这一部分的内容进行了细分，在引入点到直线距离概念时，对公式进行了详尽的推导，指出分子 $ax_0 + by_0 + c$ 为点 P 与直线 l 上

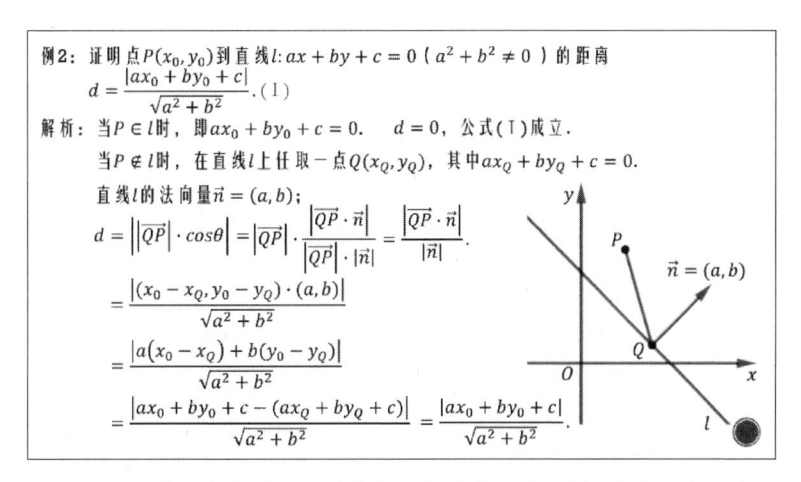

> **例2**：证明点 $P(x_0, y_0)$ 到直线 $l: ax + by + c = 0$（$a^2 + b^2 \neq 0$）的距离
> $$d = \dfrac{|ax_0 + by_0 + c|}{\sqrt{a^2 + b^2}}. \quad (1)$$
> **解析**：当 $P \in l$ 时，即 $ax_0 + by_0 + c = 0$．$d = 0$，公式（Ⅰ）成立．
> 当 $P \notin l$ 时，在直线 l 上任取一点 $Q(x_Q, y_Q)$，其中 $ax_Q + by_Q + c = 0$．
> 直线 l 的法向量 $\vec{n} = (a, b)$；
> $$d = \left|\left|\overrightarrow{QP}\right| \cdot \cos\theta\right| = \left|\overrightarrow{QP}\right| \cdot \dfrac{\left|\overrightarrow{QP} \cdot \vec{n}\right|}{\left|\overrightarrow{QP}\right| \cdot \left|\vec{n}\right|} = \dfrac{\left|\overrightarrow{QP} \cdot \vec{n}\right|}{\left|\vec{n}\right|}.$$
> $$= \dfrac{|(x_0 - x_Q, y_0 - y_Q) \cdot (a, b)|}{\sqrt{a^2 + b^2}}$$
> $$= \dfrac{|a(x_0 - x_Q) + b(y_0 - y_Q)|}{\sqrt{a^2 + b^2}}$$
> $$= \dfrac{|ax_0 + by_0 + c - (ax_Q + by_Q + c)|}{\sqrt{a^2 + b^2}} = \dfrac{|ax_0 + by_0 + c|}{\sqrt{a^2 + b^2}}$$

图 3.2.3 《点到直线的距离》微视频中推导点到直线的距离公式

任意一点 Q 构成的向量 $\overrightarrow{QP}$ 与直线法向量 $\vec{n}=(a,b)$ 的数量积。学生可以结合数量积符号与向量夹角的关系,对教材关于点与直线相对位置的解释,有更充分的理解。虽然受限于篇幅,在微视频中未对这部分内容进行展开,但为线下课堂教学中相关问题的提出和进一步讨论埋下了伏笔。

(三)短小精悍,浓缩传统课堂教学内容

当下微视频的兴起,正影响着不同年龄段的群体接受信息的方式,其内容的高度浓缩,契合人们利用碎片化的时间获取信息的需求,一定程度上是符合信息时代下,人们学习方式发展的趋势。因此,在运用视频先导的自主预习,落实知识学习"移出"传统课堂的思考与实践过程中,我们认为不应是简单地将课堂片段进行录制,而是要结合学生线上自主学习的需求,以及互联网使用的习惯,对知识内容进行高度的浓缩,呈现在 5~8 分钟的微视频中。

例如,沪教版教材《指数函数图像与性质》第一节课的微视频制作中,《教学参考》中的教学重点包括:借助图像探究指数函数的三条性质。在具体制作中,我们将探究过程进行留白,其结论作为视频小结内容进行呈现。由于通过视频学习,学生经历了通过描点法作图得到具体几个指数函数大致图像的过程,结合例题中的三个指数函数图像,初步具备了探究指数函数性质的基础,这里的留白能引导学生开展自主学习,经历从形到数的探究过程,增强对指数函数性质的感性认知,为线下课堂教学过程中,由学生进行归纳总结而展开教学活动做好铺垫。

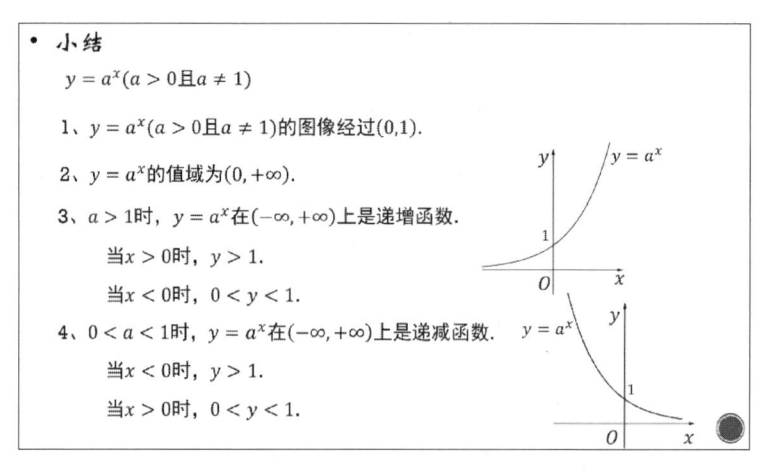

- 小结
  $y = a^x (a > 0 \text{ 且 } a \neq 1)$
  1、$y = a^x (a > 0 \text{ 且 } a \neq 1)$ 的图像经过 $(0,1)$.
  2、$y = a^x$ 的值域为 $(0, +\infty)$.
  3、$a > 1$ 时,$y = a^x$ 在 $(-\infty, +\infty)$ 上是递增函数.
     当 $x > 0$ 时,$y > 1$.
     当 $x < 0$ 时,$0 < y < 1$.
  4、$0 < a < 1$ 时,$y = a^x$ 在 $(-\infty, +\infty)$ 上是递减函数.
     当 $x < 0$ 时,$y > 1$.
     当 $x > 0$ 时,$0 < y < 1$.

图 3.2.4 《指数函数图像与性质》微视频小结

二、概念型微视频的内容选择

在确定微视频的教学内容时,需要紧扣教材内容,对教材例题的选用、证明推导等过程等加以解读,可以是对这些内容的直接引用,也可以是在此基础之上加以调整,或者结合相关知识学习的特点,引入生活实例来贴合学生的最近发展区。

(一) 引用教材,牢牢抓住教学重点

在选择微视频教学的内容时,可以采取的策略是对教材内容的直接引用,尤其是对于刚接触微视频制作的老师而言,在把握教学重点和难点时能够相对轻松一些。在前文提到的《指数函数的图像与性质》第一节课的微视频制作中,就基本运用了教材在引入部分的处理。

在视频制作过程中,也可以增加一些内容作为补充,为线下课堂教学的展开做好铺垫。例如沪教版《任意角的三角比》,教材先回顾了初中已经学习过的锐角三角比知识,通过实例分析推广至在平面直角坐标系中三角比的概念。我们可以将这部分内容进行直接引用,制作在微视频中,同样也可以将教材此处的例1:"已知角 α 的终边经过点 $P(-2,1)$,求角 α 的六个三角比。"纳入视频内容,这些都能准确指向本节课的教学重点:理解任意角的三角比定义。此外我们在微视频中设置了例2:"已知角 α 的终边与射线 $y=x(x<0)$ 重合,求 $\cot\alpha$,$\sec\alpha$,$\csc\alpha$。"一方面能够帮助学生理解终边相同角的三角比的值相等的含义,另一方面也为后继诱导公式 I 的引入做好铺垫。

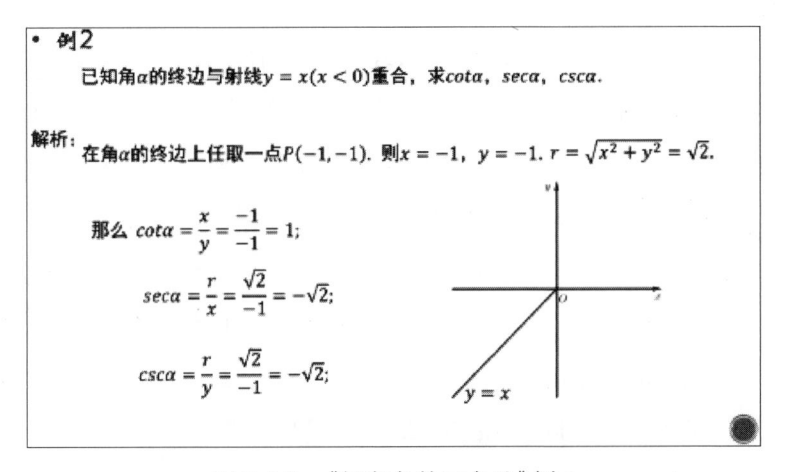

> • 例2
> 已知角 α 的终边与射线 $y = x(x < 0)$ 重合,求 $\cot\alpha$, $\sec\alpha$, $\csc\alpha$.
>
> 解析:在角 α 的终边上任取一点 $P(-1,-1)$. 则 $x = -1$, $y = -1$. $r = \sqrt{x^2 + y^2} = \sqrt{2}$.
>
> 那么 $\cot\alpha = \dfrac{x}{y} = \dfrac{-1}{-1} = 1$;
>
> $\sec\alpha = \dfrac{r}{x} = \dfrac{\sqrt{2}}{-1} = -\sqrt{2}$;
>
> $\csc\alpha = \dfrac{r}{y} = \dfrac{\sqrt{2}}{-1} = -\sqrt{2}$;

图 3.2.5 《任意角的三角比》例 2

（二）调整细化，适应学生自主学习需求

在把握教学的重点和难点以及明晰教材例题选用原则的前提下，微视频的设计制作可以结合学生的学习需求进行适当的调整。例如在新版教材《幂函数的性质》中，我们对学习过程作了调整，将"4.11.2 幂函数的性质"中的最后部分研究"函数图像的平移（例5、例6）"进行前置，结合学生初中阶段学习的二次函数及反比例函数，制作了两篇微视频，其中一个为《二次函数与反比例函数图像与性质》，其中含有图像的平移，另一个为《幂函数》。前者，从学生熟悉的 $y=x^2$ 和 $y=\dfrac{1}{x}$ 出发，帮助学生对函数平移的一般情况有了初步的认知；后者，则主要引用教材内容，围绕教学重点展开。

- **小结**
  - 函数 $y=x^2$ 图像上任意一点 $P(x_0, y_0)$，有 $y_0 = x_0^2$，即 $y_0 = (-x_0)^2$，那么点 $P'(-x_0, y_0)$ 也在函数 $y=x^2$ 图像上，所以函数 $y=x^2$ 的图像关于 y 轴对称.
  - 在函数 $y=\dfrac{1}{x}$ 图像上任意一点 $P(x_0, y_0)$，有 $y_0 = \dfrac{1}{x_0}$，即 $-y_0 = \dfrac{1}{-x_0}$，那么点 $P'(-x_0, -y_0)$ 也在函数 $y=\dfrac{1}{x}$ 图像上，所以函数 $y=\dfrac{1}{x}$ 的图像关于原点成中心对称.
  - 将函数 $y=x^2$ 和函数 $y=\dfrac{1}{x}$ 的图像向右平移 m 个单位，向上平移 n 个单位，得到函数 $y=(x-m)^2+n$ 和 $y=\dfrac{1}{x-m}+n$ 的图像.

图 3.2.6 《二次函数与反比例函数图像与性质》微视频小结

我们也可以在微视频中对教材内容进行细化，使微视频的内容更有层次感。例如在沪教版《弧度制》微视频的设计中，教材为说明扇形弧长 l 与半径 r 的比值，仅与这段弧所对的角的大小 x 有关入手，即由对于不同半径的圆，这个比值不变的事实，给出 1 弧度的角的定义："把弧长等于半径的弧所对的圆心角叫做 1 弧度（radian）的角，用符号 rad 表示，读作弧度。"我们在微视频中将相关内容进行了细分，首先是回顾了角度制："在平面几何中，把半径为 r 的周角分成 360 等份，每一份叫做 1 度的角。这种用'度'作为单位来度量的单位制叫做角度制。"可以看到这里对角度制定义的描述方式与弧度值定义描述方式一致，利用学生熟悉的角度制，很自然地引入过渡到弧度制。然后在单位圆中给出 1 弧度角的定义："我们将弧长等于半径 1 所对的圆心角的大小叫做 1（弧度）的角。"学生通过自主学习能够发现

视频中关于 1 弧度角的定义是与教材的定义相一致，而选择这样的处理是为了学生更直观地理解 1 弧度角的概念，同时直接得到了角度制与弧度制的互化公式。

图 3.2.7 《弧度制》微视频中 1 弧度角的概念

（三）回归生活，贴合学生最近发展区

在微视频的设计与制作过程中，既要明晰学生的现有水平，也要关注学生可能的发展水平，因此在选用的例题中可以适当地加入一些生活实例，着眼于学生的最近发展区，为学生提供一些带有难度的内容，调动学生的积极性，发挥其潜能。

在沪教版《平面及其基本性质》第一个视频制作中，我们增加了一个生活实例："制作风筝的骨架"。在这一问题的思考中，需要考虑空间中三条直线可能的位置关系，并尝试使用视频学习的公理 3 及其推论来进行说理，对刚接触相关知识的学

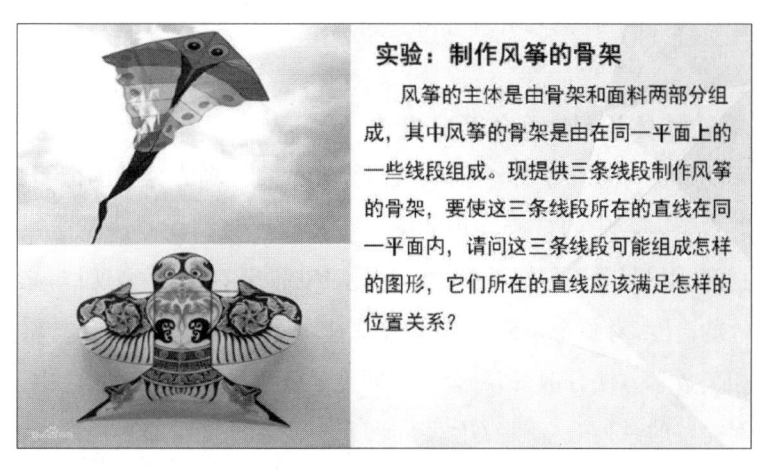

图 3.2.8 《平面及其基本性质》微视频中实例：制作风筝的骨架

生在思维能力上有一定的要求,同时配以教师讲解及几种类型对应图形的示例,学生有能力通过主动学习来解决这一问题。借助数字技术呈现生活中的实际案例,并提炼其中的数学背景,用平面的基本性质加以解释,能加深学生对平面的基本性质的理解,培养空间想象能力。

结合线下传统课堂中概念教学的经验及将知识学习"移出"传统课堂的探索性实践,关于概念型微视频的制作提出了"围绕重点""化解难点"及"短小精悍"三点要求。对教学重点和难点的把握,在紧扣课程标准与教材的基础上,要适应学生自主预学的需求与线上学习的特点。基于线上自主学习与线下课堂教学在时间与空间上的根本区别,避免简单照搬传统课堂概念教学的内容,控制好微视频的篇幅,对数学概念的相关知识与内容进行浓缩。在教学实践过程中我们发现,越来越多的学生开始适应并习惯在课前通过观看微视频完成数学概念的预学。并且,通过自主学习获取、掌握的概念与知识,学生体验到了不同于传统线下课堂教学的成就感。

第三节 方法型微视频的制作

概念型微视频强调对数学概念本质的揭示与讲解,学生可以通过自主学习的方式,为后续的课堂教学活动的开展和深入展开做好铺垫。相比概念微视频,方法型微视频更加关注学生对于数学方法的习得与掌握,更加重视学生在学习过程中能够通过微视频进行听取、模仿和练习。而结合微视频短小、精炼的特点,在设计、制作方法型微视频的过程中,有其独特之处。

一、单元整体设计,适合循序渐进

微视频的最大特点在于"微"字,即要让学生通过5到8分钟的微视频学习,掌握一个课时教学内容中的核心知识和方法。在设计与制作方法型微视频的过程中,碍于时间的限制,采用传统课堂教学的设计安排是不现实的,所以,必须站在单元教学设计的高度,对整个单元的基本知识、基本技能进行统筹规划,将整个单元所包含的相关数学方法分散开,融合到不同但又密切相关的微视频之中,统整成知识体系相对完整的系列微视频。让学生通过系统性、连贯性的微视频学习,加之后续的线下课堂的学习与探究,促进他们对相关数学方法的理解与掌握。同时,在整

个单元学习过程中,可以对学生所学习的数学方法,安排螺旋式的递进、深入,以"零敲牛皮糖"的方式不断巩固学生的学习成果,让学生在经历完整的单元学习之后,能够对所学的一个单元所包含的数学方法很好掌握。

以沪教版教材中的第十二章《圆锥曲线》单元为例,在这一单元之中,学生要学习椭圆、双曲线、抛物线等圆锥曲线及其性质,并要在学习的过程中习得、巩固研究解析几何问题时所常用的方法,如研究圆锥曲线上的点与坐标系中的点之间的距离,研究直线与圆锥曲线的位置关系,研究曲线与曲线之间的交点个数、交点坐标等等。这些问题的解决往往需要占据大量的精力,以及较多的计算量,相应地会占据较多的教学时间,要在一个5到8分钟的微视频中向学生讲解这一连串的数学方法,存在着较大的困难。所以,我们在制作这一单元的微视频课时,将这一系列问题分散开来,放到了不同的微视频中。例如,在制作椭圆这一部分的微视频时,共制作两个微视频,第一个介绍椭圆的基本概念、标准方程。第二个则研究了椭圆上的点到椭圆外点的距离问题,并针对这一问题在课堂上引导学生进一步的学习与探究,同时将其他类型的问题也留在了课堂上进行拓展;而在制作双曲线这一部分的微视频时,我们将直线与双曲线的位置关系这一问题放在了微视频中,而将其他的数学方法留给课堂进行探究;在制作抛物线这一部分的微视频时也是如此。通过这样逐步深入、循环往复的方式,即保持了视频内容与教学内容之间的同步性、完整性,同时也确保学生能够在这一不断重复、逐渐深入的过程中巩固自己的学习成果,促进学生对所学内容的理解和掌握。

方法型微视频的设计重在对方法本身的透彻讲解,要确保学生能够通过微视频的学习,可以习得相应的方法,因而在设计的过程中应当秉持"宁缺勿滥"的原则,即要让学生通过一个微视频学会一种方法;通过一个单元的微视频学习,掌握单元中应掌握的数学方法。站在单元设计的高度,对整个单元的教学内容进行整体性的统筹安排,并将所需要进行教学的数学方法,分散到不同的的微视频中,既能保证微视频本身所具有的"短小精悍"的特点,不增加学生的学业负担,又能确保学生所学知识体系的完整性、连贯性,并结合课堂教学的研究与深入,使得学生能够相比传统课堂,更好地掌握所需要学习的数学方法。

二、符合认知特点,适合自主学习

学生通过微视频的学习,对所学内容的习得与掌握,所采取的形式更多的是一种自主式、接受式的学习。因而,方法型微视频的制作,不仅要考虑教学内容本身所涉及的数学基本方法,即在设计过程中精心选择相关教学内容,还应当关注学习者所具备的条件,尤其是学生的思维方式以及认知特点,认识到微视频的观看对象是需要进一步学习,或是有学习需求的学生。

在设计方法型微视频时,需要关注到学生已有的认知起点,结合学生先前所学内容,准确定位学生的"最近发展区"。就学生而言,通过微视频学习的数学方法,更多的应该是通过一种观察、模仿的途径,结合数学知识,配合一定的视频讲解可以学会的。学生通过对方法型微视频的学习,实现对方法的理解、目标的掌握,这需要在微视频的制作过程中实现对学生认知结构中相关信息的唤醒,帮助学生能够实现自己"跳一跳,摘个桃"的成果,让学生通过对方法型微视频的观看和学习,了解数学方法本身的来龙去脉,理解其背后所蕴含的数学本质,促进对于所学数学基本方法的理解与掌握。

以《点到直线的距离》这一内容为例,其教学目标在于引导学生经历推导"点到直线的距离公式$\left(d=\frac{|ax_0+by_0+c|}{\sqrt{a^2+b^2}}\right)$"的全过程,理解掌握点到直线的距离公式及其应用。在完成对于公式及其推导的学习后,转入对于"两点在直线同侧异侧的位置判断"问题的探究与学习。根据学生对于点到直线距离公式的理解,学生在认知结构中存在对于"分子"($|ax_0+by_0+c|$)的认识,而在这一类问题的研究过程中,则需要引导学生自身去发现"分子"的这一妙用。因而可以认为这一数学方法的学习处在学生的最近发展区之中。而在进行方法型微视频的制作时,不论是微视频语言的组织,还是配套课件的图象、动画演示,都可以围绕引导学生去进行思考、猜想的这一方面去设计。这样,可以保证学生在微视频的引导之下,通过自己的思考,发现还可以借助点到直线的距离公式的其中一部分,或是截取自己之前对其所学习的某一个知识片段,展开进一步的应用,进而发挥方法型微视频的学习价值,引导学生通过自己的努力,掌握判断两点与直线之间的相对位置关系的方法。

方法型微视频设计与制作不仅需要根据单元结构整体思考,做系统化统筹安排,而且要以人为本,关注学生认知特点,满足学生自主学习与发展需要。前者强调了学生所学习的数学基本方法、体系的完整性,后者强调了学生学习活动的针对性、有效性。因此,方法型微视频制作者既需要站在宏观单元设计的角度,理清整个单元的教学内容,确保所制作的系列微视频在教学内容上能够覆盖到所有知识点;又要熟悉学生的认知特点,使得学生通过对微视频的学习可以掌握好相关的数学方法,确保每一个设计的方法型微视频能够真正落到实处,实现其应当完成的教学目标。

三、适当内容留白,进入课堂深化

我们讨论与制作的方法型微视频,是要适合于线上自主学习、线下主动学习的教学流程再造,为了确保学生在后续的课堂学习开始之前,可以对所要学习的方法基本理解、有所掌握,能够运用微视频中习得的数学方法,解决基础性的数学问题。因而在设计方法型微视频的时候,还要注意到制作的微视频在课堂上的进一步延伸、拓展,能够让学生在后续的课堂中开展深度学习。

学生基于微视频的学习,主要通过听课形式接受、理解和掌握数学方法本身,包括方法使用的条件、要点等。但是,由于微视频的"微",它的内容一定是"少而精"的,还需要在课堂上进一步拓展与深化。确保学生通过课前、课堂的两个阶段的学习,真正做到对所学习的数学方法的理解、掌握与灵活变通,就要充分考虑课堂教学中深化与拓展的需要,在微视频中适度"留白"。

例如,在绝对值不等式这一内容的微视频制作中,只安排了 $|ax+b|<c$ 这一类型绝对值不等式的解法,并呈现了这一问题的不同解法及方法要点。这样,学生在课前学习之后,就可以针对形如 $|ax+b|<f(x)$ 的绝对值不等式展开深度的学习与探究。课堂上,所要探究的问题需要课前微视频学习的基础,因此,在微视频的制作过程中,需要详尽为学生呈现出这一类不等式的求解思路,把解题过程中的每一个环节都详细呈现出来,配合清晰的解读、课件的呈现,在条件允许的情况下,还可以配上合适的动画。利用这一系列手段,让学生感受到数学方法的具体过程与要点,使得学生能够根据微视频学习,连接到相似类型的问题的探究。在课堂上,学生相互交流微视频学习的心得体会,讨论对于求解绝对值不等式方法的理解,并通过课堂上的自主探究、不断思考,最终将在课前的微视频中所学习到的求解不等式的方法,迁移到更加一般性的情形中,从而使学生对求解绝对值不等式这一问题理解、掌握得更加透彻。

方法型微视频对于学生而言,更像是一个打开学生课堂学习的"引路人"。学生能够在课前通过微视频的学习理解数学方法方面的基础知识,而课堂上的学习,则针对学生学习实际进一步的深化,巩固学生对于数学方法的掌握程度。因此,方法型微视频的制作,需要适度的"留白",为后续在课堂的教学中,引导学生聚焦高阶思维和进行深度学习发展核心素养提供更多的可能。

综上所述,在开展方法型微视频内容的选择时,需要教学设计者能够站在单元整体设计的高度进行统筹安排,将所涉及的数学方法做循序渐进式的教学。而具体到每一个方法型微视频的设计上,一方面需要设计者在内容的选择上关注到学生的"最近发展区",恰当选择适合学生自主学习的内容,另一方面也需要在设计的内容上适度留白,为后续的线下课堂进一步学习创设条件。

第四章 习题库的编制

学生在教师指导下,通过自主选择开展个别化学习,必须具有足够丰富的学习资源,第三章所呈现的由微视频结构化而成的资源库,解决了不同的教师从不同的角度对于概念、方法的阐释与讲解,为学生展开更适合自己的学习提供了可能。

习题库是学生开展线上学习的又一个基础性的资源库,它不仅仅是学生学习巩固概念和方法的载体,更重要的是在知识点结构化梳理的基础上,对于习题多标签赋值而构成的资源,可以对学生学习状况进行检测与评价,特别是对知识"断点"的诊断分析,为学生提供具有精准匹配的学习资源的个别化推送提供可能。本章将围绕服务于学生个别化学习这一目标,讨论基于信息技术与互联网的习题库的开发、建设与应用。

第一节 习题库的溯源与类型

习题集可以说是习题库的雏形,而后因考试标准化的需要逐渐催生了题库建设。今天,信息技术的发展,特别是人工智能与教育深度融合而引发的教育变革,促使习题库的建设与应用进入了全新时代,如何建立一个支持学校整体因材施教和学生个别化因需而学的习题库,已经引起广大教育工作者的充分重视,成为当今教育界具有实践价值的研究课题,本节将围绕如何建设基于网络的习题库这一问题展开讨论。

一、习题库编制的历史溯源

习题库由习题按照一定的规则整合而成,源于学生学习新知识之后,为了巩固新知而用于"模仿"性应用的习题。在数字化背景下,因考试标准化而建立起来的习题库,其功能必将进一步开发,应用的范围也必将大大拓展。

(一)教学过程的习题编制

《说文解字》里说:"习,数飞也。""数飞"就是"多次飞翔"的意思,这是"习"字的本义。由此,古人称理论知识的训练为"学",称生活实践的模仿为"习"。"习"字既反映了局部环境对自身产生的重要影响,也反映了长期模仿对另一件事物塑造的关键作用。

在人类学习的进程中,人们从在真实社会中获得生存技能的实践,逐渐转变为在虚拟场景下有目的、有意识模拟练习;从凭借各种感官去认识新知转化为通过模仿演练、逻辑演绎等方式去理解概念、感悟方法,这为学习者巩固知识提供了可能。在传统课堂中,为落实并检验学生对知识点的掌握与运用情况,习题的布置贯穿于教师教学的各个环节中。

(二)诊断评价的试卷编制

习题的功能并不仅仅着眼于帮助学生更好地掌握相关课程知识和强化某些基本概念或原理的记忆和理解,检测与诊断评估功能也是习题的重要价值。

人的认知是一个具有全面性整体系统,碎片化的知识只是对概念的感知,它并不等于认知。学习的检测和评估不仅需要单一知识点的反馈,更需要知识在不同层面和维度上展开。当前,我们经常会看见许多不同种类的习题类书籍,如同步练习、章节性练习、阶段性练习等,大部分学生都是在教师和家长的精心"安排"下完成既定的作业,即使自己再找课外题自学,也经常会在鱼龙混杂的题海中迷失方向。而智能化题库的创建与应用,着力解决传统"习题集"所存在的这些问题。

(三)考试标准化与习题库建设

上世纪80年代中期,随着标准化诊断评价在我国的实施与推广,习题库建设也被提上了日程。标准化诊断评价是根据统一、规范的标准,对诊断评价的各个环节包括测试目的、命题、施测、评分、计分、分数解释等按照系统的科学程序组织,从而严格控制了误差的诊断评价。习题库可服务于标准化诊断评价,包括命题、组卷、诊断评价、阅卷、分析报告等流程,具有标准化和稳定性的特征,习题库模式有横向也有纵向,体现其高效能和灵活性的特点。

1999年教育部诊断评价中心与英国剑桥合作开发了全国英语等级诊断评价(PETS)题库,取得了显著成效。《国务院关于深化诊断评价招生制度改革的实施意见》明确提出"加快题库建设"的要求,将习题库建设列为诊断评价招生制度改革的重要内容。近年来,随着美国、欧洲等国家和地区对习题库研究的不断深入,习题库建设及应用技术已取得了长足的进步,习题库已从早期的"习题仓库"发展成为一个计算机管理的动态控制教学资源。①

美国较早关注智能学习系统研发,称之为自适应学习系统。自适应学习系统运用人工智能技术和信息技术,以学习系统代替人力实施个性化教学,综合了人工智能、教育科学、认知科学、行为科学等多领域的支持,为学习者模拟出一个符合个人偏好和需求的学习系统。这一系统中不仅包括具有指导作用的知识内容和学习策略,还有为学生提供练习和自我检验平台的虚拟环境,这些具体功能的设置和实现力图为学习者营造个性化的学习经历。② 自匹兹堡大学的彼得·布鲁希洛夫斯基(Peter Brusilovsky)等人,先后研发了InterBook、ELM—ART、Knowledge Sea II及AnnotatEd等适应性学习系统;尼维(Nivi)(2007)整合社交性学习新理念开发了Grockit系统,该系统能根据学生具体进度持续调整学习计划;费雷拉(Ferreira)(2008)开发了Knewton系统,该系统能够不断了解学生学习特点并为学生提供个性化学习资源。③

随着近年来人工智能技术在中国的飞速发展,一些依托于互联网的智能题库系统也陆续开始映入国人的眼帘。"猿题库""百度题库"等产品被师生广泛熟知和应用,为教师的教育教学提供了很大帮助,但是学生被动化学习的局面并没有随之有较大程度的改善。

二、习题库的类型与特征

习题库通常指:按照一定的教育测量理论,在计算机系统中实现的某个学科

---

① 于涵,陈昂,王蕾.新时代高考改革背景下教育考试国家题库建设的思考[J].清华大学教育研究,2018,39(01):62-67.
② 王慧.自适应学习系统在成人教育个性化学习模式构建中的应用[J].中国成人教育,2017(03):9-11.
③ 姜强,赵蔚,王朋娇.自适应学习系统中双向适应交互评价实证研究[J].现代远程教育研究,2013(05):106-112.

题目的集合,它是在精确的数学模型基础上建立起来的教育测量工具。由此不难发现习题库的三个特点:(1)习题库以一定教育测量理论作为理论基础,以特定的数学模型作为技术基础;(2)习题库是精心挑选的拥有相当数量、较高质量且附有习题性能参数或属性题目的有序集合,通过计算机系统进行分类编码实现;(3)习题库本身是一个测量工具,承担教育测量和评价的功能。

这一定义所阐述的习题库概念,还是立足于"教育测量工具"这一基点,而我们所研究的习题库不仅仅需要具有"测量工具"这一功能,我们更关注的是应用于教学的学习功能。因此,我们所理解的习题库是基于学科知识结构,通过对各种习题进行标记之后,由具有多标签标识的习题按照一定规则,在计算机系统中,依托信息技术而结构化统整起来的某个学科习题的系统性集合,它既具有传统意义上的诊断评价的工具性功能,还可以应用于教师的教学,更可以通过智能化的技术应用于学生自主性的个别化学习。

(一)习题库的分类与特点

习题库有不同的分类方式,可以从功能性、应用性和结构性维度进行分类。

1. 功能性维度

习题库根据功能性维度可以分为用于巩固性学习的习题库、用于过程性诊断的习题库。

(1)用于巩固性学习的习题库

这类习题库在教与学的过程中起着重要的作用,是课程标准的具体体现,反映教学内容和要求。它具有巩固与延伸功能,可满足不同层次学生的学习需求。

一般来说,各种教学内容如果仅仅依靠教师讲授,而不配以一定数量的习题是难以得到消化和巩固的。而且,教师的课堂讲授通常只是典型的、具有代表性的重点内容,不可能面面俱到。这样也需要通过练习来延伸、拓宽、深化知识,用于巩固性学习的习题库可使教师与学生根据课程内容与学习状况自主选择,通过分层推送基础题、提高题以及拓展题等方式,直观课堂学习成果,使学生进一步把握本质,深化概念,提升学生的思考能力与迁移能力,从而使学生比较全面、系统地掌握知识。

(2)用于过程性诊断的习题库

这类习题库在诊断与评价的过程中起着重要的作用,是评估标准的具体体现,是诊断管理的一种工具。用于诊断的习题库相对较灵活,既可以是相对固定,具有独立考核意义的习题单元,也可以是按照题型或评价内容进行管理的习题模块,或是共用材料的若干习题组合,具有流动性的特征。

在当前诊断发展的过程中,拓展评价的服务功能越来越重要。用于诊断的习题库为评价学生的学习状况、诊断教育教学现状提供连续的数据支持,正日益受到青睐。通过对评估数据的分析,不仅可以评价学生学习的具体情况,而且能够发现学生的发展变化,更可为评估教育教学提供资料。题库建设的最终目的是为了确保评价的科学、公平、准确性,提升教育的核心竞争力。

2. 应用性维度

习题库根据应用性维度可以分为用于水平性评估和选拔性评估两大类习题库。

(1) 水平性评估习题库

水平性评估习题库是教育诊断评价机构走向专业化、规范化的产物。比如高中学业水平考试习题库是基于高中课程标准、命题技术规范等评价指标,凭借计算机系统实现习题的动态管理和试卷的自动生成,命题科技含量更高。在管理大量习题的同时,也记录这些习题的诊断评价情况,反映习题属性及参数的历史状态,从而实现学业水平诊断评价对高中教育教学的综合评价功能。

水平性评估习题库更可以增强应对突发事件的能力,从而最大限度地保障社会的稳定。还是以高中学业水平考试习题库为例,它有利于实现高中学业水平诊断评价"一年多考"的目标,有利于实现诊断评价形式由纸笔诊断评价向机考、网考、自适应诊断评价的转变,有利于实现诊断评价的科学化、标准化的评价功能等。[①]

(2) 选拔性评估习题库

相较于水平性评估习题库侧重于"达标"而言,选拔性评估习题库强调评估的区分功能,即要把不同水平的人区别开来。也要求评估标准应更精确,不能使人产生含糊不清的感觉。

选拔性评估题库由流通库和保密库组成。流通库用于进行题库技术研究及试测,保密库在流通库建设经验基础上开发建设,服务于选拔性评估命题、组卷、阅卷

---

① 郭光明,吴成兵,刘芳,等.高中学业水平考试题库建设的需求分析[J].教学与管理,2018(16):79-81.

及数据分析题库。选拔性评估习题库的目标包括必备知识、关键能力、学科素养以及核心价值,评估要求指向学生的学习成果及其评估表现中体现出来的基础性、综合性、应用性和创新性。这类题库又存在着体现不同学科特点的习题属性,例如数学学科中的数学思想方法就是具有学科特色的一个属性。

3. 结构性维度

根据习题库的结构特点,可以分为树状结构习题库和网状结构习题库。

(1) 树状结构习题库

树状结构又称为分支结构,是一个或多个节点的有限集合。目前的习题库,一般都采用树状结构,树状结构的习题库会根据知识点结构和教材板块内容转向相应的分支,而不用再另行组建,这样可以节省习题库空间,符合人们对知识的归类习惯。

树状结构的习题库关键是要有层次感、条理化。树状结构的数据库可以类比为一个由杜威十进位(Dewey decimal system)图书分类法构成的超级图书馆:每个习题单元(模块)相当于这个超级图书馆某阅览室里的一个小书架。树状结构习题库可以使每个书架上的"书"——知识、习题都有序地摆放,以方便教师与学生在使用习题库时,可以迅速地通过单元、知识能力指标等流程寻找到他们所需要的内容。使用者还可以实现随机抽取习题,在内容的选择上,操作起来更加灵活方便。

(2) 网状结构习题库

如果说树型结构是种层次结构的话,网状结构则是图形结构。网状结构习题库顾名思义是库中的一个习题和另外几个习题都有联系,从定义可以看出,树形结构习题库中习题与习题的联系是唯一的,而在网状结构习题库中这种联系可以不唯一,正如曼努埃尔·利马(Manuel Lima)所设计的知识结构是用一张网状图来进行比喻。这样多种联系(复合联系)可以更直接地去描述习题背后的内在客观规律和思维方法。

在信息时代重组知识结构,必须要使用新的方法教育学生,那么使用网状结构习题库便可以促成学习的互动,使学生在大量曾经相互隔离的知识之间建立联系,从而在更广泛的领域里获取、链接知识和描述真实世界。

(二) 习题库的特征性要素

尽管习题库可以有不同的分类,根据不同的功能和应用需要也可能会有不同的指标,然而作为习题库一定包含诸多特征性要素。我们认为,作为一个完备的习题库应该包括三个方面的六个要素,即习题库的标准与内容、容量与难度、结构与形式。

1. 习题库的标准与内容

习题库是课程教学标准具体化的一种表现形式,反映课程教学内容和教学要求。习题库编制与运用应基于学科课程标准、学生学习过程和知识能力状况这三个方面展开。

习题库应严格按照课程标准和内容要求来建设,根据不同类型的课程知识结构体系做出具体的选择。习题库内容不仅要适用于课堂中新授课学习,也要适用于阶段性学习巩固和评价诊断,所以,不能简单地以增加题库储备为目标。同时,习题库从一定意义上来讲也是知识的积累过程。题库建设不是一劳永逸的,它总体上可以相对稳定,但动态发展也是必须要有的。习题库应根据学科本身的发展需要和学习者理解概念的认知过程,及时修订习题参数,进行动态维护,即"题库保鲜"。

2. 习题库的容量与难度

习题库的容量表示题库中包含习题的多少,这是体现习题库建设规模的一个重要指标。习题库与题库类型、学科特点、评估频率、选题过程等因素密切相关,在开发习题库的过程中,也会受到内容结构、难度比例、能力分布等条件的约束,习题库的开发和建设者应确保选题的有效性,在保证习题库习题平行性推进的基础上,稳步增加库容。

习题的难度更是习题库管理的重要参数之一。习题库管理中,难度是由多种属性综合考量构成:命题时的预估难度、学习过程中的难度、综合评估得到的难度,甚至不同时间评估的各种难度,都从不同方面反映习题的难度特性。由此,根据学习需要选用的难度类型与精度要求应是相对固定的,并且数据来源和统计方法也应趋于一致。

3. 习题库的形式与结构

习题库形式是为习题库功能服务的。从纸质题卡库到计算机辅助管理的习题库,再到当前高度智能化的网络化习题库系统,随着信息技术的发展日新月异。性能优良的习题库系统,不仅应包含高质量的习题,而更应具备友好的人机交互、更高的组题效率、方便的查询定位以及便捷快速的统计分析等功能。习题库管理系统本质是一种计算机管理习题的"数据库"系统。

习题库的结构也应注重布局的全面性和完整性。然而,目前习题库存在结构不够科学的问题,习题库内侧重某些重点和章节的题目过多,重复率高,而较冷门的知识点题目数量不足,质量不高,这导致有的试题被调用频繁,有的可能永不启用,习题的"曝光率"参差不齐这种"冗余"现象,应引起开发和建设者的关注。针对这一现象,如何应用"冗余"习题,提高习题"曝光率"的均匀性,也是习题库研究的一个重要问题,仍需要不断地优化与完善。

第二节　学习型习题库的编制思路

将知识学习"移出"传统课堂的实践探索中,学生运用习题库自主地展开学习活动是一个不可或缺的环节。习题库建设是践行这一环节的基础性条件,为此,我们致力于学习型习题库的开发与建设,通过对学习型习题库的要素与特点深入研究与讨论,确定了编制的思路和原则。

一、学习型习题库的要素概述[①]

学习型习题库的建立是为了充分服务于学生的自主学习,题库中需包含充足的典型习题,并添加能表明习题属性与特征的参数标识,还需构建便于组织管理题库的结构模型。

(一) 典型习题

在习题库的建设中,习题是构成题库的基本单位,是题库建设的核心。从根本上说,高质量的习题是保证习题库质量的基本要求。习题的质量标准为:习题内容的科学性,习题标准的准确性,习题难度控制的稳定性,习题描述的规范性,引用素材的公平性等。

习题库中必须包含大量有典型意义的习题。习题既可以被独立调用,也可以组合应用,区别在于构成习题库的试题组织单元不同。作为习题的主要"生产者"和"鉴定者",教师必须准确把握课程标准及习题难度,熟悉学科课程内容,了解学

---

① 柳博.题库的类型与质量控制探析[J].中国考试(研究版),2009(10):29-34.

生学习状况,并充分了解学生已有的学习水平,关注学生的学习特点、发展需求等方面的差异,具有创新意识。

(二)参数标识

参数标识是描述试题属性的变量,表明习题的基本特征。习题库中的试题必须配置必要的指向知识目标、内容以及学习需要的参数。参数标识的设置体现习题库管理试题的精细化程度。不同属性的参数,其表示方式和含义是不同的,一般是考核知识点、能力、题型、分值、难度、区分度等基本属性,以及试题代码、审核意见、试题状态等辅助管理属性。

参数标识是确保习题库试题标准一致性的重要手段,保证评价标准客观性的重要途径。参数标识的处理应在习题内容科学、表述规范、指向明确、素材公平等方面满足质量标准的前提下,确保习题标识的准确性。参数标识的设置也与题库的管理效率密切相关,应视需要而定,适合的才是最好的,不宜仅依据试题属性及参数的数量多寡、数据精度、数据来源等单一指标来评判习题库的优劣。

(三)结构模型

结构模型是习题库系统的组织结构和管理模型,它反映试题、参数及其相互联系的方式,实现习题库管理习题的功能。习题库中习题的结构及位置是相对的,并非存在天然差别,各类型的习题在必要时可以相互转换。通过建立适度容量的题库,按照参数标识要求设置试题属性,组配应用,这可以大大增强习题库的适用性。

由于习题库中的习题具有流动性强的特点,虽然从建设到应用需要相应的习题累计周期,但当习题库容足够大时,则可以采取随机选题组卷或直接选题评估的方式。诊断评估后习题可回收,再入习题库系统,经过"休眠"或改造,循环使用,提高习题的重复利用率。这样的优势互补,既可以增强题库中习题的灵活性,又可以随时满足学生的学习能力和思维发展需要。

二、学习型习题库的特点分析

有效的学习型习题库能针对学生的个体情况满足其个性化学习需求,还能针对教学中的概念原理进行习题设置,提升习题质量。此外,学习型习题库需能灵活运转,为学生建构起知识网络体系。

(一)题库不求重复机械,注重精准适配

现有的习题库普遍呈现博而大的特点,这在现今不仅聚焦于"效",更需关注"质"的教育生态中,存在很大的局限。它难以针对每个学生的不同学情,生成个性化的内容,这样就造成了许多学生不能将主要的精力聚焦于自己"掌握得不好"的知识点,或者"找不到方向"的知识关联之中,而将很多时间和精力消耗于对单一知识点或知识关联的重复性机械操练之中。这些局限在学生的自主学习期间更加凸显。而智能化题库的创建与应用,一定程度上可以解决传统习题库所存在的这些问题。

学习型习题库可根据课程标准和学习需求,设立多级的习题目标,通过鼓励多样化的习题解决方法,让每个学生都能根据自己的实际需要选择合适的内容。教师在开发习题的过程中,更细节更精准地开发习题类评价量表,以更好地了解学生在学科学习中的掌握较好的学科内容和相对薄弱的学习内容。教师也可以根据学生的能力差异、水平差异针对性地实施分层次教学,这为个性化教学的实施提供了广阔的舞台和实践的空间。

(二)习题不求海量,难度对标概念原理

中国的教育似乎走入了一个误区:习题教学普遍存在采取题海战术取胜,片面追求高密度和高难度。如果靠这样的手段来应付学习,其结果是步入了"低效率、重负担、低质量"的恶性循环中。学习型习题库的建设应注重题目的质量,控制总题量和题目的难度,在"稳"、"实"上狠下功夫,当习题库的题目库存容量达到一定标准数量后,决定学习效果的关键性因素就不再是其数量,而在于题目的质量和处理水平。

学习型习题库作为教学内容的有机组成部分,在课堂教学中可以发挥重要作用,它既是知识的运用,又是知识的再生,是帮助学生理解和巩固概念与原理的基本手段。在教学过程中,可以通过这些针对概念的习题激起学生的困惑,从而架构知识间的桥梁,迫使学生主动探索发现新旧概念间的联系,引导学生在更大的范围内进行归纳、演绎,使所学知识形成一个更大的知识网络体系。

（三）题型不求特殊炫技而在于通性通法

题库建设是一个绿色使用的过程，题库习题也不是一潭死水。习题库如同大坝，蓄水是为了放水，水只有流动起来才能保持新鲜与活力，习题也只有合理地流动起来，不断投入使用，题库才能有效运转。恰当、正确地开发题库中的习题，必须要有计划、有意识地使用，特别是要与题库系统的动态维护相关联考虑，形成良性循环。①

在学习型习题库的建设中，那些只有运用"特技"才能解决的"偏、怪、奇"的题应坚决摒弃。教师在开发和使用习题时也要立足教材，准确把握习题所要求的规律与方法，充分挖掘其背后的内涵与外延。并结合学生的实际情况，进行适当的改造或拓展，激发学生的兴趣，培养学生思维的活跃性与严密性，通过挖掘习题的深度与广度，培养学生一题多思、一题多解的思维习惯，找到解决问题的有效途径。

三、学习型习题库编制的原则

学习型习题库的主要功能在于帮助学生学习，它不同于以诊断和评价为主的考试型习题库，因此建设学习型习题库有其独特性要求，必须遵循一些特殊性原则，才能最大限度地发挥习题库的学习功能。针对学习型习题库的目标和要求，在其建设过程中应把握好六大原则，即：全面性、典型性、针对性、层次性、交叉性和综合性。

（一）全面性

习题库建设应考虑知识全面性的要求，根据课程标准，全面编制和选择习题，不遗漏任何知识点，力求达到全覆盖。在系统规划习题库时，应根据学科特点及其对学生发展的影响和作用，充分考虑不同学习知识内容的配比，保证习题的齐全与完备。这样建设的习题库，才能为满足学生不同知识的学习需求提供更多的可能。

（二）典型性

习题库建设应考虑习题典型性的要求，表现在三个方面：第一、习题内容基于知识概念；第二、习题选编注重方式方法；第三、习题解决强调思维发展。教师可根

---

① 李光明.如何做好题库建设——来自英美考试机构的启示[J].中国考试，2011(12)：3-8.

据课程标准、概念原理和学生的学习进程,对这些具有典型性的习题进行整合编排,让学生基础知识的学习更加精炼、高效。

(三) 针对性

习题库建设应考虑针对性的要求。习题的选择应有一定的目的性和针对性,有的是要加深对所学概念的理解,有的是针对需要掌握的学习方法,有的是针对必须熟练运用的技能技巧,教师也可以根据学生的能力差异、水平差异针对性地选择运用,为个性化教学的实施提供了实践的空间。

(四) 层次性

习题库建设应考虑难度层次性的要求。不同的学生,在课程学习中具有一定的层次性,即使是同一个学生在学习过程中也有一个认知和思维发展渐进的过程。因此习题开发与建设过程中,应充分关注学生学习这门课程呈现出来的不同需要和目标,由此来确定习题难度的层次性,这样可以更好地满足不同的需要,体现学生的认知学习规律。

(五) 交叉性

习题库建设应考虑内容交叉性的要求。由于习题库网状结构的特征,"交叉性"即在知识的不断互动中形成。它是宏观知识和微观知识的连接点,既有同类知识范畴的完全重叠,也有相似概念的部分重合,既考察宏观知识层面上概念、方法等如何交织在一起,也考察微观知识层面上的个体和群体如何在这样相互交织的体系中获得现存的标识。

(六) 综合性

习题库建设应考虑能力综合性的要求。知识领域是一个综合性的领域,是认知领域、情感领域和技能领域综合基础上的目标分类。学科的学习强调学科能力和学科素养,突出综合性、应用性和创新性。因此,在习题开发建设中不仅有学科的基础知识、核心概念、基本能力的目标达成诊断,同时也应关注对学生学科核心素养方面的知识的综合运用。

四、学习型习题库的教学应用

学习型习题库是信息化背景下,将知识学习"移出"传统课堂这一理念转化为课堂教学实践的一个基本资源保障。在教学过程中,教师和学生如何充分运用和发挥习题库的功能,这是教育与技术融合过程中值得关注和研究的一个问题。

(一)学生的应用

针对学习过程中的不同阶段与程度,学生对于习题库的应用可分为新知学习、巩固学习与补偿学习三大类。

1. 新知学习

解答习题是学生学习活动的一种最常用、最基本的形式。通过解答习题,不仅可以帮助学生获取知识、巩固和加深对所学知识的理解,也能使学生从知识技能到思维能力,从智力因素到非智力因素各个方面都得到促进和发展。融入信息技术的习题库正可以使学生借助真实性学习任务,获得系统的数学知识,展开认知和思维过程,形成必要的数学技能。习题库中采集的典型性习题可以有效帮助学生获取相关的概念知识,通过解题过程的充分展开,让学生经历知识的形成和发展的过程,从而帮助学生获得对知识的深刻理解。

2. 巩固学习

学生通过典型例题的学习获取新知后,需要通过进一步的练习巩固所学概念知识。因此习题库中巩固练习题的设计和安排就显得十分重要和必要。学生通过习题库中不同层次、不同形式的习题进行练习,能够及时巩固所学的知识,进一步加深对所学知识的理解,让学生对于课程知识的学习(有成熟经验的基础知识,通识原理等)有更加自由,更加个性化地把控。

3. 补偿学习

学生在获取知识的过程中所形成的概念、思想和方法会不同程度地存在理解不全面、不深刻的问题,这就需要通过习题来解决,习题库的建设使学生在短时间内能够获得学会学科知识、掌握处理问题的工具。利用信息化技术融合的习题库,以薄弱知识点的教学强化为基本要求,以针对性的限时练习为补充措施,多措并举,精准推送,提高时效。学生可通过习题库的运用,根据自己学习状况中发现的问题,实施个别化的补偿性学习,充分发挥学生的积极作用,成为学习的真正主人。

（二）教师的应用

教师可运用习题库自主编制、整合与推送习题，借助自动组卷功能生成满足教学需求的试卷，还可通过诊断评价功能分析学生学情并优化题库中的习题。

1. 教学活动

教师根据教材内容在习题库中进行习题知识的重新整合、编排，通过典型例题精讲解、精分析，适时推送分层习题，满足不同层次学生的学习需求。教师可以根据学生运用习题库之后的反馈情况，对学生思考和质疑的问题进行分类整理，在课堂上集中针对性的解答，也可以组织学生就习题库中一些典型习题进行分组讨论，从而解决学生在学习过程中所遇到的困难。在解决问题之后，教师应安排适当的教学评估以检验学生对于核心知识的掌握以及对于探究问题的理解情况。在课堂结束之后，根据学生课堂的表现情况布置相关作业，完成反馈。

2. 自动组卷

自动组卷系统可以从试题库中自动查找和组织出一些不同内容、不同类型、不同难度的习题组成一份比较合理的试卷。教师可以利用习题库系统提供的智能出卷、标准化出卷、搜索出卷、知识点题数出卷、知识点题分出卷等五种方式进行自动组卷。自动组卷的基本思路是习题库根据教师的要求抽取试题、高度智能化地生成满意的试卷。它采用的是基于标签的一组特征值和算法，根据用户提供的试卷题目类型、章节分布、难易程度等条件，借助系统中的一系列数据文件，使具体要求的相关数据动态地抽象成逻辑数据，用以解决问题，生成一份满足要求的、比较合理的试卷。

3. 诊断评价

诊断评价是教师教育教学过程中的一个重要环节，试卷分析是阅卷完毕后的质量分析与教学状况的综合分析过程，这既能反映学生的学习态度、努力程度和学习效果，也在一定程度上反映了教师的治学态度和教学水平以及学校的教学管理水平。

教师在教学过程中，可以通过运用习题库之后诊断评价的结果分析，了解学生对教材、教法的使用情况，以便调整教学内容和教学方法，改进教与学的关系，以适应学生的特点，满足学生的需求。同时，教师可通过对习题库组卷的试卷分析，进一步优化习题库和组卷功能。例如，通过对学生答卷的分析，评价试卷和每道习题的质量，分析哪些习题是高质量的习题，今后可以继续使用，哪些习题质量有问题，需要修改或淘汰等,进一步提高习题库组卷的智能化水平,不断完善习题库功能和使用价值。

第三节 题库编制与中心习题选编

根据学习型习题库的特点和要求,上海市市西中学数学教研组从 2015 年就启动编制题库的研究工作,经过 5 年的持续努力,通过梳理和细分高中数学知识点,在初步建构知识结构的基础上,逐渐形成了可以基本满足高中学生数学学习的基础性题库。其中,习题的选编既是工作的起点,又是最重要的一个环节。本节将以市西中学数学题库建设过程中习题选编为案例,重点介绍习题的筛选和改编。

一、习题的筛选

在习题库的构建过程中,第一步就是要对习题进行筛选,筛选的过程要遵循和依照智能化应用的需要。高中数学习题库建设以国家颁布的《数学课程标准》为依据,参照上海市高中数学教材,以学校研制的高中数学知识的细分基础上的结构模型为基础,进行专业性筛选。在筛选过程中,我们的主要做法如下:

(一)重质保量

一个优质的、系统性的、有价值的高中数学题库先要保证一定的"量",这也是智能化题库的基本要求,在题库的创建过程中尽量做到习题应收尽收,为师生进行预习、练习和检测等多种习题需求提供充足的题源。在保证"量"的基础上,学校智能化题库专业筛选团队更加注重"质"的保证。目前公共题库的题目良莠不齐,无论教师还是学生都能通过各种渠道获得各种"所谓的"练习题、检测卷,但是其中有些题目不乏存在着"超纲""陈旧""过难"等问题,所以在筛选的过程中,我们将这些不符合教学基本要求的题目剔除。

【案例 4.1】 已知函数 $y=f(x)$ 满足:$2f(x)+f\left(\dfrac{1}{x}\right)=3x+1, x\neq 0$,求 $f(x)$。

解析:$2f(x)+f\left(\dfrac{1}{x}\right)=3x+1$, ①

得 $2f\left(\dfrac{1}{x}\right)+f(x)=\dfrac{3}{x}+1$。 ②

由 ①×2－②，得 $3f(x)=9x-\dfrac{3}{x}+2$，所以 $f(x)=3x-\dfrac{1}{x}+\dfrac{2}{3}$。

【案例说明】 本题经常会出现在很多的教学参考资料之中，考查的内容是函数方程，但是函数方程的内容不在高中《数学课程标准》之中，因此本题属于"超纲"题目，在筛选过程中应该剔除。

【案例 4.2】 已知双曲线 C 经过点 $P(2,3)$，且渐近线为 $y=\pm 2x$，求双曲线 C 的标准方程。

解：设双曲线 $C:(2x+y)(2x-y)=k(k\neq 0)$，将 $P(2,3)$ 代入，得 $k=7$，得双曲线 C 的方程：$\dfrac{4x^2}{7}-\dfrac{y^2}{7}=1$。

【案例说明】 在学习双曲线的时候我们经常会碰到这样的题目和解法，但是本题的背景与解答都过于陈旧，旨在考查学生求双曲线标准方程方法的掌握，在筛选的过程中我们发现这种类型的题目非常多，为了保持各章节习题数量的相对平衡，我们将这道相对陈旧的题目剔除。

【案例 4.3】 已知 O 为锐角三角形 ABC 外心，$AB=6$，$AC=4$，$\overrightarrow{AO}=x\overrightarrow{AB}+y\overrightarrow{AC}$，且 $x+4y=2$，求 $\angle BAC$。

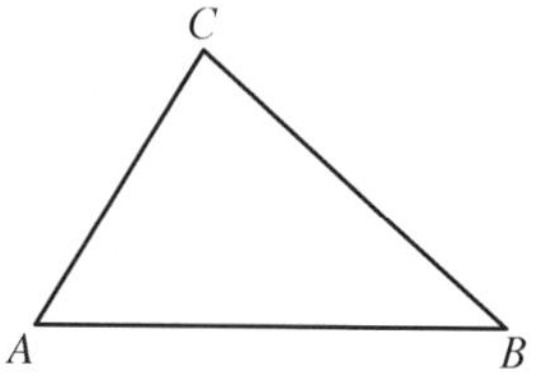

解法 1：由 $x+4y=2$，得 $\dfrac{x}{2}+2y=1$，则

$$\overrightarrow{AO}=x\overrightarrow{AB}+y\overrightarrow{AC}=\dfrac{x}{2}(2\overrightarrow{AB})+2y\left(\dfrac{\overrightarrow{AC}}{2}\right)。$$

延长 AB 至 B' 使 $AB'=12$，设 AC 中点为 D，则 O 在直线 $B'D$ 上。

图 4.3.1

由 $OD\perp AC$，得 $\cos\angle BAC=\dfrac{AD}{AB'}=\dfrac{2}{12}=\dfrac{1}{6}$，

所以 $\angle BAC=\arccos\dfrac{1}{6}$。

解法 2：$\overrightarrow{AB}\cdot\overrightarrow{AO}=x\overrightarrow{AB}^2+y\overrightarrow{AB}\cdot\overrightarrow{AC}=36x+y\cdot 24\cos\angle BAC$。

同理，$\overrightarrow{AC}\cdot\overrightarrow{AO}=16y+24x\cos\angle BAC$。

O 为外心,则 O 在 AB、AC 上的射影分别为 AB、AC 的中点,

所以 $\vec{AB} \cdot \vec{AO} = 18$。

同理,$\vec{AC} \cdot \vec{AO} = 8$。

由 $\begin{cases} 36x + 24y\cos\angle BAC = 18, \\ 24x\cos\angle BAC + 16y = 8, \\ x + 4y = 2, \end{cases}$ 得 $\begin{cases} x = \dfrac{16}{35}, \\ y = \dfrac{27}{70}, \\ \cos\angle BAC = \dfrac{1}{6}。 \end{cases}$

所以 $\angle BAC = \arccos\dfrac{1}{6}$。

【案例说明】 本题主要考查学生对三角函数与平面向量知识的综合运用,隶属于高三的综合复习题,虽然本题提供了有两种可能的解题路径,但是这两种解法对于绝大多数学生来说都具有非常大的挑战性,超出了绝大多数学生的理解与掌握的范围,经过专业数学教师的判断本题将是一道得分率极低的题目,属于"过难"的题目,在筛选阶段将本题剔除。

(二) 典型选题

在高中数学的各个章节中都存在着一些典型习题,这些典型习题主要分为两种类型:一是概念型典型习题;二是方法型典型习题。因为典型习题在章节学习及检测中应用场景多,出现频率高,对数学概念的落实和数学思想方法的掌握与运用具有较大的价值,所以这部分题目在筛选中要加注星标,以便在题目筛选与随机抽取的过程中呈现在优先位置。这两种不同类型的典型习题分别举例如下:

【案例 4.4】 已知等差数列 $\{a_n\}$,$n \in \mathbf{N}^*$,$a_p = q$,$a_q = p$,且 p、$q \in \mathbf{N}^*$,$p \neq q$,求 a_{p+q}。

解析:由 $\begin{cases} a_1 + (p-1)d = q, \\ a_1 + (q-1)d = p, \end{cases}$ 得 $\begin{cases} d = -1, \\ a_1 = p + q - 1。 \end{cases}$

$a_{p+q} = a_1 + (p+q-1)d = (p+q-1) + (p+q-1)(-1) = 0$。

【案例说明】 本题是一道概念典型题,隶属于等差数列的通项公式,在学习等差数列通项公式的过程中,重点强调要落实对"通性"的掌握,也即落实对等差数列

定义中基本量首项 a_1 和公差 d 的求解。本题可以供教师选作课堂例题以及课后练习题,能够加强学生对等差数列概念的认知与理解,同时落实一类等差数列通项公式的求解过程。因此在筛选的过程中将本题加注星标。

【案例 4.5】 如图,已知矩形 $ABCD$ 长为 a,宽为 $3(a>3)$,点 E、F、G、H 分别在边 AB、BC、CD、DA 上,$BE=BF=DG=DH=x$,$0<x\leqslant 3$,将平行四边形 $EFGH$ 面积表示成 x 的函数 $S(x)$,并求 $S(x)$ 的最大值。

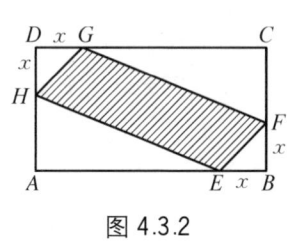

图 4.3.2

解析: 由 $S(x)=3a-x^2-(3-x)(a-x)$ 得 $S(x)=-2x^2+(a+3)x$,$0<x\leqslant 3$,

则 $S(x)=-2\left(x-\dfrac{a+3}{4}\right)^2+\dfrac{(a+3)^2}{8}$,$0<x\leqslant 3$,

当 $0<\dfrac{a+3}{4}\leqslant 3$ 即 $3<a\leqslant 9$ 时,$x=\dfrac{a+3}{4}$ 时 $S(x)$ 取得最大值,为 $\dfrac{(a+3)^2}{8}$。

当 $\dfrac{a+3}{4}>3$ 即 $a>9$ 时,$x=3$ 时 $S(x)$ 取得最大值,为 $3a-9$。

【案例说明】 本题是隶属于函数的基本性质中函数最值的求解,本题以平面几何图形为背景通过建立函数关系式,并将其转化为二次函数在某个特定区间求最值的问题。平面几何图形的背景学生已十分熟悉,在此背景下学生通过建立函数关系式,寻找定义域,再到求解最值,都是对通法的考查。因此在筛选过程中将本题加注星标。

(三)网络适配

在基于信息技术应用的题库中,由于识别和判断的技术限制,有些高中数学题型不适合直接导入智能化阅卷题库中。例如:证明类题目,主要关注学生的逻辑过程与思维顺序,一道证明题通常需要几步甚至几十步的核心步骤才能完成识别,这就给智能化阅卷系统的识别制造了很大的困难,对于这些证明题,有一部分题目有改编的价值,但是有些题目很难完成计算机逻辑合理化改编,对于这些不具备改编价值的题目，我们将其以文档的方式存储在题库之中，以便教师和学生进行除智能化识别用途之外的调用。又如：有些题目答案不唯一且有无限种情况，因为互联网智能化识别答案的逻辑需要穷举所有可能的答案，如果有无限种不同的正确答案，智能化阅卷系统难以完成识别，因此在筛选的过程中，要首先将这些类型题目从直接导入智能化识别题库的题目中挑出，然后判断是否还有进一步改编的价值，如有则保留，如没有则转换为文档形式进行存储。

【案例 4.6】 $f(x)=a\sin\left(x+\dfrac{\pi}{4}\right)+b\sin\left(x-\dfrac{\pi}{4}\right)(ab\neq0)$ 是偶函数，则有序实数对 (a,b) 可以是_____（写出你认为正确的一组数即可）。

解析：$f(x)=\dfrac{\sqrt{2}}{2}(a+b)\sin x+\dfrac{\sqrt{2}}{2}(a-b)\cos x$，若 $a+b=0$，则 $f(x)$ 为偶函数，故可取 $a=1,b=-1$。

【案例说明】 从上述举例中可以看出其中字母 a 和字母 b 的取值只要满足是互为相反数的条件即可，所以显然答案有无数多种可能的情况，计算机无法完成穷举，本题根据题型及考查知识要求，在筛选过程中给出合理化建议，可将习题进行适当改编（比如改编成选择题的形式）再次录入题库中供选择。

在筛选的过程中要确保每个章节的习题数量尽可能均衡，且在习题导入习题库之前做好各章节习题数量的统计与反馈，基本保证每章节习题数量与教学基本要求所规定的课时节数相匹配。如果出现有些章节习题数量极少的情况，要进行及时改编与补充工作，确保题库的系统性运行。在对习题进行筛选的时候要尽量选用能够揭示数学知识通性、通法的常规题，以及曾用于各类正式考试具有较好区分度的典型题，重点关注易错题，剔除偏题、难题、怪题，以学科课程标准和基本要求为根本依据，立足教材，做到学科核心内容全覆盖，注重对于学生知识掌握水平与应用能力的考查。

二、习题的改编

经过习题的筛选，接下来要对其中不满足互联网智能化识别要求的题目进行改编。在改编的过程中，首要是完成题型的改编，我们保留传统习题中的填空题与选择题，因为这两种题型中大部分题目能够通过文本、图片或代数式等形式直接由智能化阅卷系统完成识别,因此改编题型的重点放在解答题与证明题上。在改编的过程中我们立足于还原题目本质的考查要求,通过呈现形式的巧妙变化达到"形变意不变"的效果。

(一)填空题的改编

有些填空题答案呈现形式比较复杂,可能对智能化识别造成一定的麻烦。例如,在学习函数关系式建立时,我们常会碰到这种类型的问题,写出满足条件的函数解析式,在写出函数关系表达式后,需要标注函数的定义域,如果让学生直接输入可能会出现很多种不同的呈现形式,因此我们将此类填空题进行如下改编。

【案例 4.7】 矩形的周长为 10 cm,设矩形的宽为 x cm,面积为 y cm^2,设以 x 为自变量,y 为函数,写出函数表达式_____,$x \in$ _____(用区间形式表示)。

【案例说明】 经过这样的改编,将定义域的识别性问题巧妙地化解,而且在改编的过程中保留了原题目的考查要求,做到"形变意不变"。

对习题进行改编的时候要在尽量保持出题意图的并将题目的呈现形式计算机化,同时还要兼顾题型的丰富性与检测的精准性。

(二)选择题的改编

一些综合类的选择题由于涉及的知识较多,目标指向不够明确,需要作适当的改动。

【案例 4.8】 若 $S_n = \sin\dfrac{\pi}{7} + \sin\dfrac{2\pi}{7} + \cdots + \sin\dfrac{n\pi}{7}(n \in \mathbf{N}^*)$,则在 $S_1, S_2, \cdots, S_{100}$ 中,正数的个数是( )。

(A) 16 (B) 72 (C) 86 (D) 100

解析:先考虑 $1 \leqslant n \leqslant 14$,$a_n = \sin\dfrac{n\pi}{7}$。

$1 \leqslant n \leqslant 6$ 时,$a_n > 0$;$a_7 = 0$;$8 \leqslant n \leqslant 13$ 时,$a_n < 0$;$a_{14} = 0$。

由 $\sin(\pi - \alpha) + \sin(\pi + \alpha) = 0$,$a_1 + a_{13} = a_2 + a_{12} = a_3 + a_{11} = \cdots = a_6 + a_8 =$

0 得 $S_n \geqslant 0$ 且 $S_{13}=S_{14}=0$。

由 $a_{n+14}=a_n$，得 $S_{14k+13}=S_{14k+14}=0$（k 取 0，1，2，3，4，5，6，共 14 个满足）。

所以选择 C。

改编：若 $S_n = \sin\dfrac{\pi}{7}+\sin\dfrac{2\pi}{7}+\cdots+\sin\dfrac{n\pi}{7}(1\leqslant n\leqslant 24, n\in \mathbf{N}^*)$，则 S_n 的不同取值的个数为(C)。

(A) 24　　　　(B) 12　　　　(C) 7　　　　(D) 6

【案例说明】　改编后的题意既保留了原题中所用的关键知识，即：$a_1+a_{13}=a_2+a_{12}=a_3+a_{11}=\cdots=a_6+a_8=0$；用 $1\leqslant n\leqslant 24$ 替代 $1\leqslant n\leqslant 100$ 降低了原题中运用周期的干扰，使学习者聚焦目标，甚至能利用 $y=\sin x$ 的图像关于点 $(\pi, 0)$ 的对称性得到正确的解答。

【案例 4.9】　已知 $f(x)=\lg(x+1)$。

(1) 若 $0<f(1-2x)-f(x)<1$，求 x 的取值范围；

(2) 若 $g(x)$ 是以 2 为周期的偶函数，且当 $0\leqslant x\leqslant 1$ 时，有 $g(x)=f(x)$，求函数 $y=g(x)(x\in[1,2])$ 的反函数。

由于本题中的(1)(2)两小题并无关联，因此我们将它拆成相同题干的两题，第二题呈现为：

已知 $f(x)=\lg(x+1)$，若 $g(x)$ 是以 2 为周期的偶函数，且当 $0\leqslant x\leqslant 1$ 时，有 $g(x)=f(x)$，求函数 $y=g(x)(x\in[1,2])$ 的反函数。

解析：当 $x\in[1,2]$ 时，$2-x\in[0,1]$，因此 $y=g(x)=g(x-2)=g(2-x)=\lg(3-x)$，$y\in[0,\lg2]$。

因为 $x=3-10^y$，所以所求反函数为 $y=3-10^x, x\in[0,\lg2]$。

【案例说明】　此题若学习者未能正确地输入最后结果，计算机会显示，当 $x\in[1,2]$，$g(x)=f(\underline{\hspace{1cm}})=\lg(\underline{\hspace{1cm}})$；$y=\lg(3-x)$ 的反函数 $y=\underline{\hspace{1cm}}$，借此判断学习者没掌握的知识是求 $g(x)$ 的表达式还是求对称函数的反函数。

（三）解答题的改编

解答题在全部习题中占据的比例较大，根据解答题不同特征我们也对其进行归类改编。解答题一般分为2～3小题,有些问题之间是存在一些关联的,也就是前面小题目的结论常常是后面问题的铺垫,这样在改编的过程比较复杂,因为如果只是单纯地把解答题拆成两道独立的题目存储到题库中,这样既破坏了解答题本身的出题用意,也会让最后一道小题的难度大幅增加。为了避免这样的结果,我们针对解答题的特殊题型创新性的开创了互联网式呈现方式,也就是我们将过程性的问题设置成提示的形式,在完成这类题目的过程中,学生如果无法直接得到最后问题的结果可以选择通过获取"提示"的方式获得铺垫性问题,从而一步一步地完成最终求解,这样个性化的选择也能让计算机更好地记录过程性数据从而更加精准地定位学生的盲点。如果解答题的各小问之间没有关联,那么通常情况下就可以直接将其拆分成两个独立的问题即可。

【案例 4.10】 过点 $P(1,1)$ 能否作直线 l 与双曲线 $C: x^2 - \dfrac{y^2}{2} = 1$ 交于 A、B 两点,且 P 是 AB 的中点?若能,求出直线 l 的方程;若不能,试说明理由。

解析:直线 $x=1$ 不合题意,设过 P 点斜率为 k 的直线 l 的方程为 $y-1=k(x-1)$,

联立 $\begin{cases} y-1=k(x-1), \\ x^2-\dfrac{y^2}{2}=1, \end{cases}$ 消 y,得 $2x^2-(kx+1-k)^2=2$,整理为 $(2-k^2)x^2-2k(1-k)x-(1-k)^2-2=0$,得 $x_1+x_2=\dfrac{2k(1-k)}{2-k^2}$,由 $\dfrac{x_1+x_2}{2}=\dfrac{k(1-k)}{2-k^2}=1$,得 $k=2$。将 $k=2$ 代入原方程中得 $\Delta=4k^2(1-k)^2-4(k^2-2)[(1-k)^2+2]=-8<0$。

所以过点 P 不能作直线 l 满足 P 是 AB 的中点。

【案例说明】 由于本题是过程性较复杂的问题,仅凭结论"不存在直线 l"无法判断学生对弦中点掌握的程度与运算能力,因此我们设置铺垫性问题并以填空方式给出,学生先做出判断,给出存在与否的结论,再对选择"存在"的学生推送:"若直线 l 存在,那么它的斜率 $k=$ _____"。如果学生能完成 $k=2$ 的解答,但不能完成最后结果,计算机仅记录学生出错的数据,即遗漏直线 l 与双曲线 C 相交两点的判定。

(四）证明题的改编

在证明题的改编过程中，我们需聚焦于题目本身的考查要求，许多证明题的本质是求值类题目，而有些是化简类题目，在改编的过程中我们就可将其形式转化为填空题或选择题。这里需要注意的是，经过改编后的证明题原则上在原有证明题的要求上难度略有提升，因为证明题通常可以看成为是给出答案提示的计算题或化简题，由于缺少了答案形式的提示，可能会导致题目难度有所上升，在标记的过程应注意区分，在改编的过程中需要遵守的首要原则为"形变意不变"，也即虽然对题型进行了改编，但是要保证考查意图不变。

【案例 4.11】 原题：证明函数 $f(x) = x^2 + \dfrac{2}{x}$ 在 $[1, +\infty)$ 上为单调递增函数。

改编为：函数 $f(x) = x^2 + \dfrac{a}{x}$ 在 $[1, +\infty)$ 上为单调递增函数，求 a 的范围。

解析：$x_2 > x_1 \geqslant 1$，$f(x_2) - f(x_1) = (x_2 - x_1) \dfrac{(x_2 + x_1) x_2 x_1 - a}{x_2 x_1} > 0$，由 $x_2 - x_1 > 0, x_2 x_1 > 0, (x_2 + x_1) x_2 x_1 > 2$，得 $a \leqslant 2$。

【案例说明】 在证明题中原意是考查函数 $f(x)$ 的单调性的证明，证明函数的单调性，要依赖函数单调性的定义，通过 $f(x_2) - f(x_1) = (x_2 - x_1) \dfrac{(x_2 + x_1) x_2 x_1 - 2}{x_2 x_1}$ 得到 $f(x)$ 在 $[1, +\infty)$ 上为增函数。现在经过改编保留原证明题"原意"考查通过函数单调性定义求字母的取值范围，做到题目"形变意不变"。

习题库的选编为题库建设奠定了扎实的基础，它既充分考虑学生对学习内容掌握水平的层次差异，也满足学生应用能力的提高，做到核心知识全覆盖、多层次，体现了习题库的丰富性和多元化。

第四节 数学题库的建立与管理

在习题筛选和改编基本完成之后，就需要设定标签，对每个习题进行标记，从而将各种习题统整在高中数学的知识结构模型中，从而实现由习题结构化，进而形成的学习型题库。而且，这一题库是基于知识点细化的结构化而建构起来的，为今后学生在学习过程中，通过即时诊断之后的精准匹配推送的学习闭环的智能化实现，提供了强大的支持和实现可能。市西中学在建构数学习题库的过程中，主要对知识点、学习阶段、核心素养，以及题型、难度、时间等维度进行了标记，并植入与学校合作研发的学习平台中。下面将通过实例重点介绍 6 个标签，及其对习题的标记方法。

一、知识点的标记

对习题进行知识点标记，可以理解为通过计算机能够识别和检索的语言，将习题精准地分装在不同的知识分支中。对习题进行的知识属性编码主要依据的是高中数学知识结构，也就是依据高中数学知识结构对习题中所涉及的知识内容以及考查要点进行细分标记。这里需要注意的是在进行知识属性编码的过程中，要兼顾到计算机的识别性与操作的简便性，这样对今后批量的处理大量习题的分类与编码提供了可能，这也是互联网智能化题库优于传统纸质版题库的关键所在。通过知识属性的编码，将每一道习题都指向高中数学知识结构的各个分支点上，从而实现每一道习题在互联网智能化题库中就像有了一个标签，使用者可以通过知识图谱的知识分支树以及关键字筛选出想要的题目。对于习题的知识点标记举例如下：

【案例 4.12】

1. 集合 $A=\{(x,y) \mid 2x+y=1\}$，$B=\{(x,y) \mid 2x+y=0\}$，求 $A \cap B$。

解析：$\begin{cases} 2x+y=1, \\ 2x+y=0 \end{cases}$ 无解，得 $A \cap B = \varnothing$。

2. 集合 $A=\{(x,y) \mid y=kx+3\}$，$B=\left\{(x,y) \left| \dfrac{y+1}{x-2}=2\right.\right\}$，若 $A \cap B = \varnothing$，求 k 的值。

解析：集合 B 表示直线 $y=2x-5$ 除了 $(2,-1)$ 的所有点。

集合 A 表示直线 $y=kx+3$。

当它们平行即 $k=2$ 时符合题意；当 $y=kx+3$ 经过点 $(2,-1)$ 即 $k=-2$ 时也符合题意。

所以 $k=2$ 或者 $k=-2$。

【案例说明】 以上两个问题从外在呈现形式上看都是考查集合的运算,但是因为内容载体不一样,所以在标记知识归属的过程中存在着很大的差别。其中第一题是以二元一次方程根的情况为内容载体,归属为"集合的运算"中"集合的交"。第二题是以直线方程以及直线的位置关系为内容载体,归属为直线的位置关系。因此在进行习题知识属性标记的过程中要看题目本身的内容属性,排除题目形式的干扰。

【案例 4.13】

1. 判断函数 $f(x)=x^4+2x^2-1$ 奇偶性为 _____。

解析:$x\in \mathbf{R}$,$f(-x)=(-x)^4+2(-x)^2-1=x^4+2x^2-1=f(x)$。

所以 $f(x)=x^4+2x^2-1$ 为偶函数。

2. 判断函数 $f(x)=\dfrac{4^x-1}{4^x+1}$ 奇偶性为 _____,

解析:$x\in \mathbf{R}$,$f(-x)=\dfrac{4^{-x}-1}{4^{-x}+1}=\dfrac{1-4^x}{1+4^x}=-\left(\dfrac{4^x-1}{4^x+1}\right)=-f(x)$。

所以 $f(x)=\dfrac{4^x-1}{4^x+1}$ 为奇函数。

【案例说明】 以上两道题均为对函数奇偶性的判断,但是因为两个需要进行判断的函数一个是多项式函数,另一个是为指数函数经过变换而得到的函数,根据知识学习的顺序性,本例中的第一个题目归属为函数-函数的性质-函数的奇偶性之中,而将本例中的第二个题目应归属为基本初等函数-指数函数-指数函数的奇偶性之中。

二、学习阶段的标记

我们日常所接触的习题通常有如下的几种不同用途:1.用于新课的同步练习,旨在落实本节新课中所涉及的概念与方法,为教师及学生提供课前预习、课中例题以及课后检测的素材;2. 用于一个章节的阶段性练习题,其中多涉及章节中知识内容的综合运用,旨在检测学生对本章内容的理解与掌握情况;3. 用于全面复习阶段的综合题目,这部分习题中会包含多章节内容的融合,因此涉及的知识点与思想方法通常比较复杂。对于这几类题目,由于用途的不同以及所包含知识点数量的不同需要进行区分存储与识别,需在标签中分别加以标记。

【案例 4.14】 已知三角形 ABC 中,$AB=AC=\sqrt{5}$,$\angle A=\arccos\frac{3}{5}$,求 $\overrightarrow{CA}\cdot\overrightarrow{AB}$。

解析:$\overrightarrow{CA}\cdot\overrightarrow{AB}=|AC|\cdot|AB|\cos(\pi-A)=5\cdot\left(-\frac{3}{5}\right)=-3$。

【案例说明】 本题为新课类习题,可供教师选作课堂例题、课后练习等用途,旨在落实平面向量数量积的几何表示。

【案例 4.15】 已知三角形 ABC 中,$AB=AC=\sqrt{5}$,$\angle A=\arccos\frac{3}{5}$,点 P 在线段 BC 上,$\overrightarrow{AP}=\frac{1}{3}\overrightarrow{AC}+t\overrightarrow{AB}$,求 $\overrightarrow{AP}\cdot\overrightarrow{BC}$。

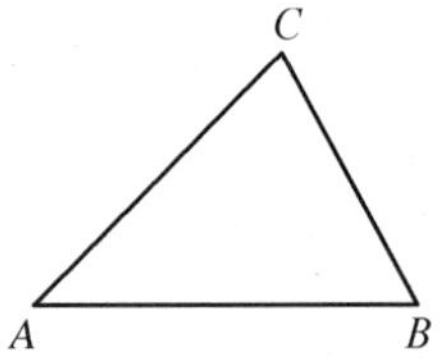

图 4.4.1

解析:因为点 B、P、C 共线,得 $\frac{1}{3}+t=1$,即 $\overrightarrow{AP}=\frac{1}{3}\overrightarrow{AC}+\frac{2}{3}\overrightarrow{AB}$。

$$\begin{aligned}\overrightarrow{AP}\cdot\overrightarrow{BC}&=\left(\frac{1}{3}\overrightarrow{AC}+\frac{2}{3}\overrightarrow{AB}\right)(\overrightarrow{AC}-\overrightarrow{AB})\\&=\frac{1}{3}(\overrightarrow{AC}^2-2\overrightarrow{AB}^2+\overrightarrow{AC}\cdot\overrightarrow{AB})\\&=\frac{1}{3}(|\overrightarrow{AC}|^2-2|\overrightarrow{AB}|^2+|\overrightarrow{AC}|\cdot|\overrightarrow{AB}|\cdot\cos\angle A)\\&=\frac{1}{3}\left(\sqrt{5}^2-2\cdot(\sqrt{5})^2+\sqrt{5}\cdot\sqrt{5}\cdot\frac{3}{5}\right)\\&=-\frac{2}{3}\text{。}\end{aligned}$$

【案例说明】 本题为阶段性练习题,也就是在学完平面向量一个章节内容之后进行的阶段性检测题,与上例中的题目相比较而言,本题不仅考查了平面向量数量积的几何表示,同时还考查了三点共线在平面向量中的充要条件,涉及的知识点更多,题目的难度也有相应的提高。

【案例 4.16】 已知三角形 ABC 面积为 2，$\angle A = \arccos \dfrac{3}{5}$，延长 AB 至 D，使 $AB = BD$，点 P 在线段 CD 上，$\overrightarrow{AP} = \dfrac{1}{3}\overrightarrow{AC} + t\overrightarrow{AB}$，求 $|\overrightarrow{AP}|$ 的最小值。

解析：由 $\dfrac{1}{2}|AB|\cdot|AC|\sin A = 2$ 得 $|AB|\cdot|AC| = 5$，知 $\overrightarrow{AB}\cdot\overrightarrow{AC} = 3$。

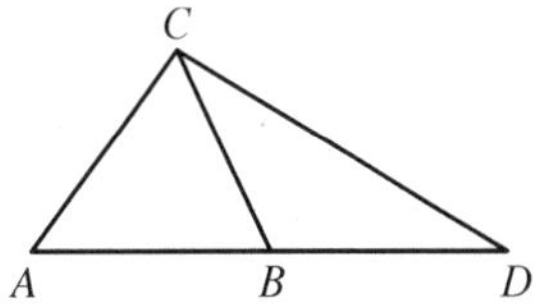

而 $\overrightarrow{AP} = \dfrac{1}{3}\overrightarrow{AC} + \dfrac{t}{2}\overrightarrow{AD}$，因为 $\dfrac{1}{3} + \dfrac{t}{2} = 1$，得 $t = \dfrac{4}{3}$，

则 $\overrightarrow{AP} = \dfrac{1}{3}\overrightarrow{AC} + \dfrac{4}{3}\overrightarrow{AB}$。

图 4.4.2

所以 $|\overrightarrow{AP}|^2 = \dfrac{1}{9}\overrightarrow{AC}^2 + \dfrac{16}{9}\overrightarrow{AB}^2 + \dfrac{8}{9}\overrightarrow{AC}\cdot\overrightarrow{AB}$

$= \dfrac{1}{9}(|AC|^2 + 16|AB|^2) + \dfrac{8}{3} \geqslant \dfrac{8}{9}|AC|\cdot|AB| + \dfrac{8}{3} = \dfrac{64}{9}$。

当且仅当 $|AC| = 4|AB|$ 时，$|\overrightarrow{AP}|$ 最小值为 $\dfrac{8}{3}$。

【案例说明】 本题为全面复习的综合类习题，题目的大背景与前两题基本相同，但解答过程需要的知识储备在上例中三点共线的充要条件以及平面向量数量积的几何表示的基础上，又添加了对均值不等式的考查，也就是本题需要学生跨章节的知识储备，同时能够灵活运用到本道综合题目的求解过程中，题目的难度也就显著的上升。

三、核心素养维度

根据《普通高中数学课程标准(2017 年版 2020 年修订)》，在高中数学学习中，学生需要培养的关键能力包含以下几个方面：抽象概括，逻辑推理，数据处理，空间想象，运算求解，数学建模，这些能力的培养都要落实在习题的检测中，因此需要对题目中所涉及的关键能力加以区分标记，这样对题目属性的分析更加全面、丰富，也为精准诊断奠定了坚实的基础。

【案例 4.17】 已知长方体的长、宽、高分别为 4、3、2，求它外接球的表面积。

解析：长方体一条对角线的中点到各顶点距离相等，那么它的外接球半径 $R =$

$\frac{1}{2}l$，其中 l 是对角线长，$l^2=4^2+3^2+2^2=29$。那么外接球的表面积 $S=4\pi R^2=\pi l^2=29\pi$。

【案例说明】 本题目主要考查学生六大关键能力中的空间想象能力，学生从球心到球面上每点距离相等，也即球心到长方体各顶点距离相等，从而判断出球心应在长方体体对角线的交点处。在解题过程中主要考查学生的空间想象能力，因此标记成核心素养的空间想象能力维度。

通过几个维度的编码，每一道习题都在智能习题库中有了自己独特的标签，标签记录了这道习题在高中数学知识图谱中的知识分类，在数学核心素养中的关键能力属性以及直观上的题型划分。根据这些标签教师可以通过计算机的检索系统简单快速地找到所需知识点下的题目，同时学生在线上完成自我检测之后借助这些编码能精准地定位出学生知识掌握的薄弱之处以及能力素养的短板并通过习题推送系统进行定向补充强化，以达到精准诊断，定向提升的自我检测目的。

四、题型、难度和时间标记

（一）题型维度

这个维度是为了区分不同的题目类型，如填空题、选择题、解答题、证明题，本维度的设置旨在运用平台进行自动化组卷过程中，让各种题型的分配比例符合教师的设定。其中一部分无法完成计算机智能化识别的解答题与证明题也可以作为文档的方式完成调用。经过改编后的题目，按照改编后的题型进行标记。

（二）难度维度

为了教师和学生更加精准地调用习题，我们将习题的难度进行标记，通过不同的星级来进行区分。难度的标记是由人工和计算机大数据相结合的方式来完成，初始状态的难度分级是由专业教师进行标记，总共分为五星，题目的最高等级为 5 星，最低等级为半星，将习题导入智能化题库系统之后，将根据学生作答情况的大数据统计结果，完成难度分级的智能校正，也即依据学生作答的正确率对每道习题难度进行智能化动态标记的生成，这样能令难度的区分做到尽可能精准。

（三）时间维度

为了在合理的设定所组试卷的答题时间，在习题标记的过程中我们设定了完成时间的标签。与难度的设定相同，完成时间的标记也由人工和计算机大数据相结合的方式来完成的。初始的习题完成时间由专业教师进行预估标记，进入智能化题库系统后，将根据学生完成本题实际时间统计情况进行智能校正，从而完成每道习题完成时间的智能化动态标记。

五、习题库的管理

学习型习题库应用价值的充分发挥，还有赖于对习题库的动态化管理，将每一位使用题库的用户（包括教师和学生）都视作习题的提供者和题库的维护者，通过教师和学生习题的上传、筛选、改编，以及专业人员统一的审核、标记，动态管理习题库，提高习题库习题的科学性、准确性和丰富性，更好地服务于学生自主选择的个别化学习。习题库的管理主要包括习题、标签和应用的动态管理。

（一）习题的动态管理

对于题库中习题的动态管理包括两个方面的工作：其一是对于已经入选习题库的习题的跟踪性评估，重点对习题的科学性、典型性、适切性和针对性进行评估，通过基于网络大数据分析与预警机制的建立，经过一定的审核、审批程序，删除不适合纳入题库的习题；其二是通过组建专家团队和题库用户自主上传相结合的方式，向社会广泛征集可以纳入题库的习题，根据入库习题的评价指标评审之后编入题库，从而不断更新和丰富习题库。

（二）标签的动态管理

习题库中的每个习题都有若干个标签，每个习题的标签需要动态化的管理，使标识更加精准，从而更好地支持学生个别化学习。标签的动态管理包括基于人工智能的自动化更新和基于专家的人工化设置。例如：习题的难度和完成时间的标签，可以依靠网络的大数据统计，根据这道习题每位答题者的正确与否及完成时间，可以即时更新每道题的难度和平均完成时间；而每道习题的知识点和学习阶段标签的调整，目前的人工智能技术可能还难以完成，需要专家团队根据习题使用情况，在必要的时候进行评估，提出动态调整的意见。

（三）应用的动态管理

学习型习题库主要应用于学生的学习，学生在教师指导下，通过完成根据学生历史性学习记录在题库中精选的习题，对学生的即时学习进行准确评估，并为他的后续学习提供更加精准匹配的学习资源，这是学习型题库应用于教学的重要功能。而为了这一应用功能的更好实现，就需要对题库相关功能进行动态的管理与维护。例如：基于某一习题指向的知识所存在的问题，而推送的学习资源（含习题讲解、概念与方法、微视频、补偿学习之后检测习题）；又或是对学生相关知识学习与掌握的效果评估，可以用于评价这一习题作为题库资源在学生学习中的应用价值，从而实现对习题库应用性功能的动态管理。

习题库"标识系统"的建立帮助教师建设知识的完整体系，并运用标签将各种习题统整在高中数学的知识模型中。通过不同维度的标识，更有利于诊断评价与精准推送，从而更好地了解学生的学习需求，有针对性的优化教学内容，这也正是知识学习移出传统课堂的现实依据。

第五章　线上学习平台建设

学习是一个可持续的过程，教育不限于课堂教学。如果能够运用好所有可以使用的技术资源，来追踪、反馈、引导、支持与学习相关的每一个时刻、每一个环节，可以更好地实现学生的持续学习与发展。我们在对高中数学知识进行结构化梳理、厘清各单元知识点之间脉络的基础上，建立了微视频库和习题库，提供了满足教学需求的各类资源，这是教学的细胞和组织。这时，还需要有神经网络来将这些串联起来，需要大脑来控制、分配各类资源，能够真正赋予其生命与活力，就得要有一个平台来承载知识结构、呈现教学资源。过去是学校里的教师、课堂来让这一切运作起来，而现在网络技术与教学的深度融合，用学习平台的形式可视化支持教学，为高中数学的高效学习提供了保障。

第一节　线上学习平台：在线教育的主要载体

随着国家"互联网＋"战略在各领域的推进，以及个人终端设备的日益完善，在线教育作为传统教学模式的补充和延伸，已经被越来越多的人所接受，并迅速崛起、独树一帜。微课、MOOC、世界名校公开课借用网络的传播速度，使更多人享受到优质的教育资源。国外涉及基础教育的在线教育应用中，可汗学院作为最被广泛熟知最为成功的案例，它应用微视频以及相应的一整套新型组织管理模式，改变着传统的教学体系。我们意识到大数据时代已经到来，数据是可以分享的，并能够在不断地分享和使用中提升数据的价值。在互联网技术的支持下，通过研发、建设线上学习平台，利用数据促进学生的学习，并将教师从繁重的作业批改工作中解放出来。

一、在线教育的概念形成与本土化

自上世纪中叶电子计算机问世、80 年代末互联网诞生,到本世纪初国内的全面普及与蓬勃发展,信息对整个社会的影响逐步扩展到人类社会生活的方方面面,这其中包括学校教育。信息技术的发展对人们学习知识、掌握知识、运用知识提出了新的挑战。在这样的时代背景下,学校需要思考如何利用好这些技术来改进教学活动,革新教育理念,思考如何培养符合时代需求的人才。而随着网络技术的应用、万物互联,快捷、高效的信息获取帮助人们不断加快学习的速度,学习的需求也随之日益高涨,互联网作为满足这些需求的最佳环境,在线教育的概念也就应运而生,满足各类需求的学习平台也如雨后春笋般地出现。

(一)在线教育的兴起与发展

在线教育指通过应用信息技术和互联网技术进行内容传播和快速学习的方式。提到在线教育概念,就离不开 MOOC(Massive Open Online Course),即"大规模在线开放课程",其起源最早可追溯到 2007 年。当时美国犹他州立大学的戴维·威利(David Wiley)教授基于 wiki 发起了一门名为"Intro to Open Education"的网络开放课程,世界各地的用户都可以分享课程资源并参与该课程。① 在线教育的发展轨迹可分为三个阶段。

第一阶段是教育远程化阶段:这一阶段以信息和网络技术为基础,如 MOOC 模式的兴起,主要是高等教育借助信息技术走出高校和课堂,通过网络进行传播与普及,自由的时间和空间使其倍受欢迎。其主要用户群体为因时间、地域和学历等因素而无法获得高等教育的中青年人群。

第二阶段是教育信息化阶段:这一阶段主要是在教育过程中通过计算机、多媒体和网络通讯的应用,更好地开展教学活动,尤其是基础教育和高等教育。信息技术进入教育领域,使教育能更好地适应信息化社会提出的新要求。这一阶段主要的用户群体是传统基础教育和高等教育中的老师和学生。

第三阶段是在线教育阶段:这一阶段的在线教育变得更加多元化,对基础教育、高等教育、职业教育和兴趣教育等方面进行了汇总。在线教育全面地改变了教育和学习的方式,并通过互联网和移动互联网的传播方式,使其单一的学生群体扩

---

① 郝丹.国内 MOOC 研究现状的文献分析[J].中国远程教育,2013(11):42-50.

大到全民。只要是想接受教育的人群,便可以通过在线教育来满足需求。①

(二)在线教育的本土化

国内早期的在线教育受制于外部环境,主要原因是互联网技术不够成熟(如网络带宽的限制)和家用电脑的使用率不高,再加上用户尚未养成接受在线教育的习惯,这个阶段的在线教育形式主要以个体用户录制视频上传至网络进行分享,视频质量参差不齐且分布比较零散,没有平台或客户端的概念。学习者在 PC 端进行网页学习,由于缺乏技术支持,学习的形式基本为视频观看。

随着互联网技术的发展与普及,在线教育开始多向发展,如出现了"三分屏"模式的网络视频课件,在线教育进入多媒体阶段。同时教育部批准了多所高校为全国远程教育试点院校,准许开设网络教育学院,颁发网络教育文凭。此外部分线下头部教育机构开始转为线上,传统培训学校开始角逐在线教育市场。

2012 年,随着国外多家 MOOC 平台的出现与流行,被媒体称为 MOOC 元年,国内开始对 MOOC 进行广泛的研究与实践,在线教育开始呈现井喷式发展。从 2012 年 10 月的中国教育发展战略学会改革与发展规划专业委员会上,与会学者围绕 MOOC 展开热烈讨论。2013 年 4 月,第四届全国数字校园建设与创新发展高峰论坛上涉及 MOOC 的研讨多达 4 次。同年 6 月召开的第九届全国教育技术学博士生论坛上,北京师范大学黄荣怀教授做了题为"MOOC 助力重构学习方式"的报告。教育从业者及相关的专业学者都在致力于打造具有世界影响力的中国在线教育模式。这一阶段许多互联网公司开始投身于在线教育行业中,并开始投入大量的资金做技术支持。②

伴随着 2016 年直播元年的到来,在线教育似乎找到了更为有效的发展模式:以直播方式作为知识传播手段,通过教育直播平台的建立,讲师和学员能够产生互动。例如,讲师能够在线答疑解决学生的问题,而学生也能通过连麦的方式与讲师对话。教育直播平台的出现是在线教育领域一个巨大的飞跃,它很大程度上降低了学习成本,也是卓有成效的学习工具。之后围绕着教育直播平台的功能升级,引

---

① 从线下走向线上,互联网教育的发展历[EB/OL]. https://zhuanlan.zhihu.com/p/37108205,2018-5-21.
② 在线教育在我国的发展历程[EB/OL]. https://zhuanlan.zhihu.com/p/132608815,2020-4-17.

入了白板技术,发展了众多直播模式,做到了移动端和 PC 端之间的互通,能适用于小班课、大班课、双师教学、1 对 1 等多种模式,并一直发展到今天。

二、线上学习平台的搭建与发展

国务院发布的《国家中长期教育改革和发展规划纲要(2010—2020 年)》中提出,必须加快教育信息基础设施建设,信息技术对教育发展具有革命性影响应予以高度重视。应加强优质教育资源开发与应用,建立开放灵活的教育资源公共服务平台,促进优质教育资源普及共享,创新网络教学模式,强化信息技术应用,鼓励学生利用信息手段主动学习、自主学习。[①] 在国家政策的引导下,教育资源丰富、办学质量高的学校与具备前沿信息技术、具有技术研发能力的企业纷纷涌入在线教育市场,开展线上学习平台的研发。

(一)在线教育的必然产物

过去几年,尤其在疫情影响下,响应教育部"停课不停教、停课不停学"的号召,教师、学生在将课堂转移至线上的过程中,对线上平台开展的教与学活动有了更多的认知与体会,既培养了线上教学的素质,提升了线上学习的意识,又自下而上地激发在线教育活力,促进线上学习平台的蓬勃发展。

纵览如今国内在线教育市场,面向基础教育的在线教育产品主要作为一种扩展课外学习的手段,关于在线教育的相关学习理论和研究基础都已经开始建立。根据数据显示,中国在线教育市场规模近五年来一直保持增长态势,由 2016 年的 2218 亿元增长到 2019 年的 4140 亿元,年均增速保持在 19.71%。庞大的市场涌现出大量面向基础教育的在线教育平台,辅助教师利用互联网减少工作量、改进教学效率和方法,为学生提供个性化的自适应学习方案,提高学习效率,减轻学习负担,让家长了解孩子学习现状,有针对性地对孩子提供帮助,改善学校的行政管理及教学管理工作,高效处理教学进度、教学成果、学生成绩统计等问题。并且随着技术的成熟,呈现出与移动终端人工智能、大数据分析等新兴技术相结合的趋势。[②]

---

① 中华人民共和国教育部.国家中长期教育改革和发展规划纲要(2010—2020 年)[Z].2010 - 07 - 29.
② 林协民,兰瑞乐,韦书令,等.中美 K12 在线教育比较研究[J].中国教育信息化,2018(21):18 - 22.

在线教育概念的形成与兴起,一方面是信息技术发展应用于教育的必然产物,另一方面也是人类社会发展所需求的教育模式。所有人都离不开教育,而在线教育可以突破传统学校课堂时间与空间的限制,帮助学习者能够直接接触到自己所需求的内容,并借由各类技术手段辅助提升学习效率。此外,通过互联网共享优质的教育资源,在保持内容高质量的同时有效地降低教育成本,营造更加公平的教育环境。但在在线教育蓬勃发展的同时,也应该给予谨慎的态度,尤其在基础教育方面,面对水平能力层次不齐、学习习惯不尽相同的学生群体,如何真正地做到"有教无类",值得进行深入的研究与实践。

(二)线上学习平台发展现状

借着MOOC的新兴与流行,线上学习平台建设风起云涌,先是美国顶尖大学及其教授相继创办了Udacity、Coursera、edX等数个MOOC平台,成为MOOC的领头羊,许多国家的顶尖大学也纷纷投身其中。此后,欧洲、亚洲和澳洲的一些国家争先恐后地创建自己的MOOC平台,比如清华大学发布的"学堂在线",着力打造全球首屈一指的中文MOOC平台。[1] 这些平台更多关注高等教育,在基础教育方面,以14—18岁的中学生为主要服务对象的可汗学院,作为线上学习平台的先驱,完全免费且几乎零门槛地提供了涵盖从幼儿园到高等教育不同阶段、不同层次的数学课程,而随着更多志愿者的加入,人文社科、自然科学、软件编程等各类学科也开始设立专业课程,在受到社会广泛好评的同时,也获得了各种资源的赞助。

这些MOOC平台以及可汗学院的成功,为线上学习平台的发展提供了模式与动力,也成为当前学校教育体系的一种挑战。线上学习平台给予了学生更多自主学习的空间,学生不再受到线下课堂的时间与空间限制,能够根据自己的需求和喜好来选择学习内容与学习方式,提升学习的主动性。同时借助信息技术,线上学习平台可以记录下学生学习的各个环节,形成学习画像,帮助学生更好地认知自己的学习状况。值得注意的是,国内许多教育机构,尤其是具有互联网背景的教育机构,都在致力于应用前沿信息技术,通过开发线上学习平台、利用信息技术丰富教与学手段来支持教育教学各个环节,但目标还是以辅助教学为主,大多处于数字化教学的阶段,主要通过堆砌大量的互联网技术辅助教学活动来吸引眼球,教学过程

---

[1] 康叶钦.在线教育的"后MOOC时代"——SPOC解析[J].清华大学教育研究,2014,35(01):85-93.

还是基本保留了传统课堂的教学方式,容易造成形式大于内容的局面,这并不能真正帮助学生开展自主学习活动、提供更多发展空间。

国内目前主流的线上学习平台中,通过MOOC、SPOC等形式进行的课程学习以面向高等学历在线教育与职业在线教育为主,这两类涉及在线教育近80%的市场规模,针对课程学习的在线教育平台主要作用于学习者获取相关的专业技能、职业资格以及学历文凭。

在面向基础教育时,更多的线上学习平台选择网校学习模式,它可分为1对1辅导和综合网校,前者通过定制化的学习方案、灵活的上课时间来吸引家长与学生用户,后者专注于打造与中小学各学科教学相关的在线辅导教育产品,开展全学科课外教学,涵盖教学、作业、习课、课外辅导等来满足用户需求。这些学习模式主要指在数字化教学环境中开展的教学活动,它仍然注重于追求知识传递的传统,更多的是把教学内容进行简单的数字化,要求学习者尽可能被动地接受和积累,这只能达到培养学习者"回忆、理解和应用"等低阶认知目标。若教学改革只停留在教学"表演"形式上,那么也仅是从"人灌"变成了"电灌"。这样的线上学习模式很难实现对学习者"分析、评价和创造"等高阶认知目标的培养。①

在线教育的诞生顺应信息时代发展的脚步,线上学习平台作为在线教育概念落地过程中的必然产物,为教育改革与发展提供条件,随着技术的不断发展以及社会的广泛关注下,线上学习平台呈现出各种各样的形态。通过回顾在线教育形成过程、观察国内线上学习平台的现状可以看到,信息时代背景下,"班级授课制"的学习环境在引入各类信息技术的过程中发生着巨大的变化,但许多线上学习平台依旧保留了"班级授课制"统一开展教与学活动的教学制度。虽然信息技术能把教与学活动从有限的活动空间以及相对固定的学习时间中解放出来,但仅是一个更宽敞的空间、更灵活的时间。实际的教学活动依旧没有摆脱原有的禁锢,来达到真正与信息技术融合。那只会是更快地打磨掉学生学习的主动性与独立性。在实践过程中,我们需要从中汲取与学校教育融合的技术革新,为建设未来学校走出我们自己的道路。

---

① 黄荣怀,杨俊锋,胡永斌.从数字学习环境到智慧学习环境——学习环境的变革与趋势[J].开放教育研究,2012,18(01):75-84.

第二节 线上学习平台的研发思路

在线上学习平台的运转过程中依然能看到很多传统线下课堂的影子。虽然信息技术为教学提供了诸多的便利乃至理念的变革。社会信息化发展到今天,在经济发展、技术革新和政策引导的推动下,从基础教育到高等教育再到职业教育,对线上学习平台的诉求却在与日俱增,各类教育机构纷纷借助互联网技术的优势,为学习者提供各种类型的在线教育服务。在层出不穷、纷繁复杂的在线教育产品中,如何保持教育初心,如何打造致力于培养学生核心素养、促进学生重视可持续发展的在线教育平台,是扎根基础教育的我们在建设线上学习平台时努力的方向。在线上学习平台的研发与教学实践过程中,结合学校数学教研组"视频先导"的研究成果,明确以数学学科先行,围绕知识学习"移出"传统课堂的理念,设计线上学习平台,努力营造一个能够充分整合优质教育资源、激发学生学习动机、建构自适应学习闭环的智慧学习环境。

一、知识学习前移,与课堂教学深度融合

在线上学习平台的研发过程中,我们始终关心与课堂教学的深度融合,这不是简单地将线下传统课堂的教学环境利用技术手段照搬至线上的数字教学环境,而是打造一个能够实现传统课堂知识学习"前移"至课前,完成知识与信息的传递,为教学流程再造提供操作支持与技术保障的学习平台。区别于许多在线教育平台对课外补充的重视,我们从教学资源的准备到学习过程的追踪,都紧紧围绕课堂教学展开。例如将传统课堂一节课的内容浓缩在 5~8 分钟微视频中,而非对线下内容的大包大揽,这既符合学生预学的需求,也为统一课堂教学起点做好准备。我们也利用技术手段,对教师把握教学起点提供相关的数据支持。

(一)整合教学资源

要使部分教学内容能够有效移出课堂,我们将微视频以及配套的习题移植到线上,供学生进行课前的自主预学。因此学习平台首先具备的基本功能就是视频库以及习题库的建立,同时这些内容并不是简单的堆砌,为便于应用过程中能准

确、有效地调用相关资源,还需对微视频库、题库的内容进行合理的标号,这些标号将依据对高中数学知识点的梳理,形成结构化的知识图谱。在算法帮助下,借助标号能够实现视频资源与题库资源的整合,从而方便后续的教学资源的高效调用与智能推送。

基于对高中数学知识结构化梳理,在平台上导入视频或录入题目时,需要依据内容与相关知识点进行匹配关联。图 5.2.1 展示的是平台教师端界面呈现的微视频库和习题库,两者都有清晰的图谱化知识体系、结构化内容模块,分类、分级、分层的学习内容使得教师在检索、选用相关资源时能够准确地定位。

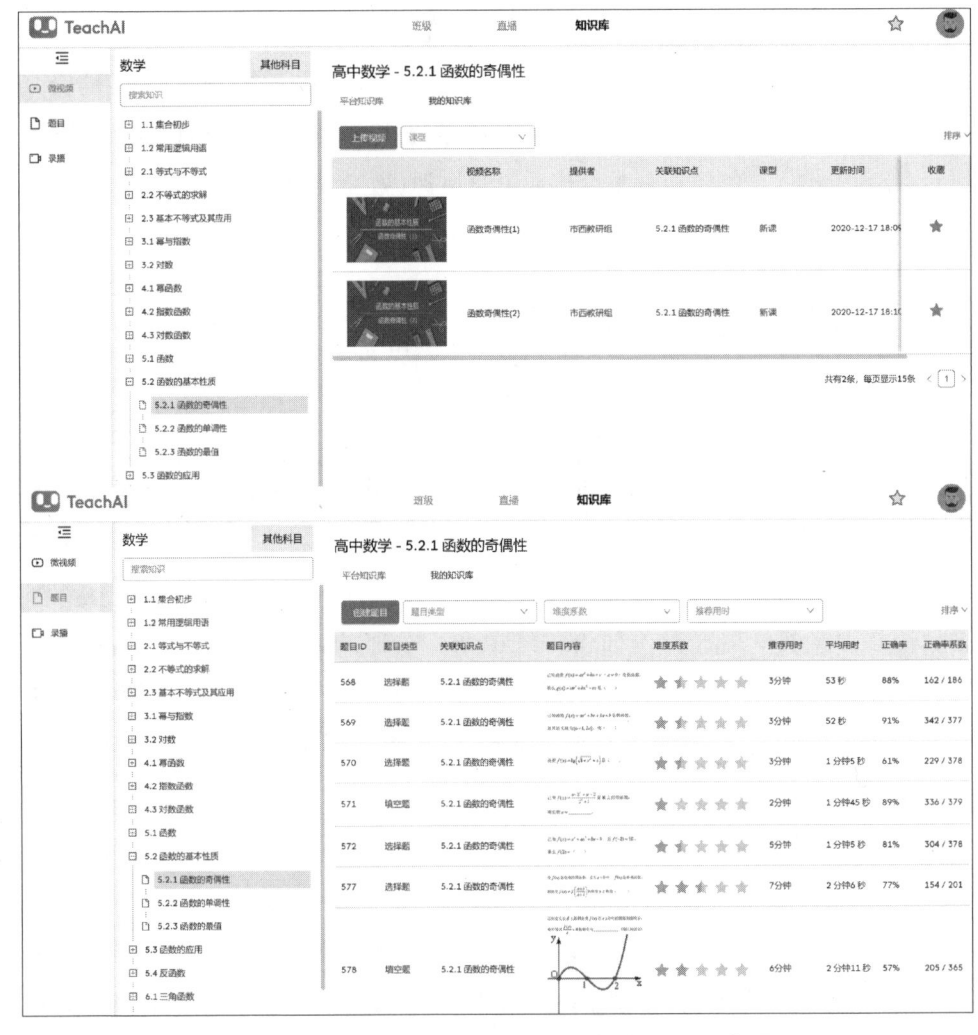

图 5.2.1　线上学习平台教师端微视频库和习题库界面

在微视频界面中,增加了微视频内容对应课型的描述,包括"新课""单元复习""总复习",这些也是由视频上传者进行标注录入平台。微视频的使用主要针对两类场景:一类为上传者自己所教班级学生使用,一类为录入平台供所有使用平台的教师与学生用户进行使用。我们对微视频的内容进行严格的把控,在法律法规与价值观角度的基础上,对内容进行专业的审核,由富有经验的教师组成的团队对视频中的教学内容、适应的学生群体、标号准确性等进行考量,通过审核录入平台的视频,不仅能够符合学生自主学习的需求,也能对使用这些教学资源的教师起到借鉴、指导的作用,促进教师的专业发展。

在习题库部分,所有题目都按照知识结构梳理进行标号,增加了难度标识与推荐做题时长的标号。难度的星级标识在体现题目所反映的思维层次的同时,也能借助算法,保证推送的题组中,题目的次序会根据难度逐题递增,形成一定的梯度以适应学生的学习习惯。做题时长的标号是对题目难度的补充,对学生完成时长的数据统计可以帮助教师和系统判断难度标号的合理性。此外在借助算法进行题组智能推送时,也可作为控制学生作业量的参考依据。

(二) 追踪学习过程

整合线上学习资源,为营造学生课前自主学习的学习环境、实现知识"前移"打下了基础。在我们教学流程再造的实践过程中,进入线下课堂教学时,教师首先要针对学生预学情况来组织学生评价,这需要教师对学生通过自主学习达成的认知起点有准确的把握。因此在线上学习平台的研发过程中,围绕明确学生认知起点进行的功能设计。

对学生线上自主学习情况的数据记录与反馈是符合信息技术特点的直接应用,这些数据包括了学生微课视频的观看过程记录、配套练习题的完成情况等。图5.2.2是平台教师端的界面,分别显示了学生课前视频学习与题组练习的情况,其中习题的正确率可以反映学生个体或是班级整体学习情况的诊断与评价。当学生完成相应的学习任务后,这些信息会在教师端直接呈现,帮助教师了解学生课前预学的完成情况,同时在题组难度、做题时长等数据的支持下,教师能对学生在预习过程中产生的核心问题有更精准的把握,并进行针对性的课堂教学设计,提升课堂效力。

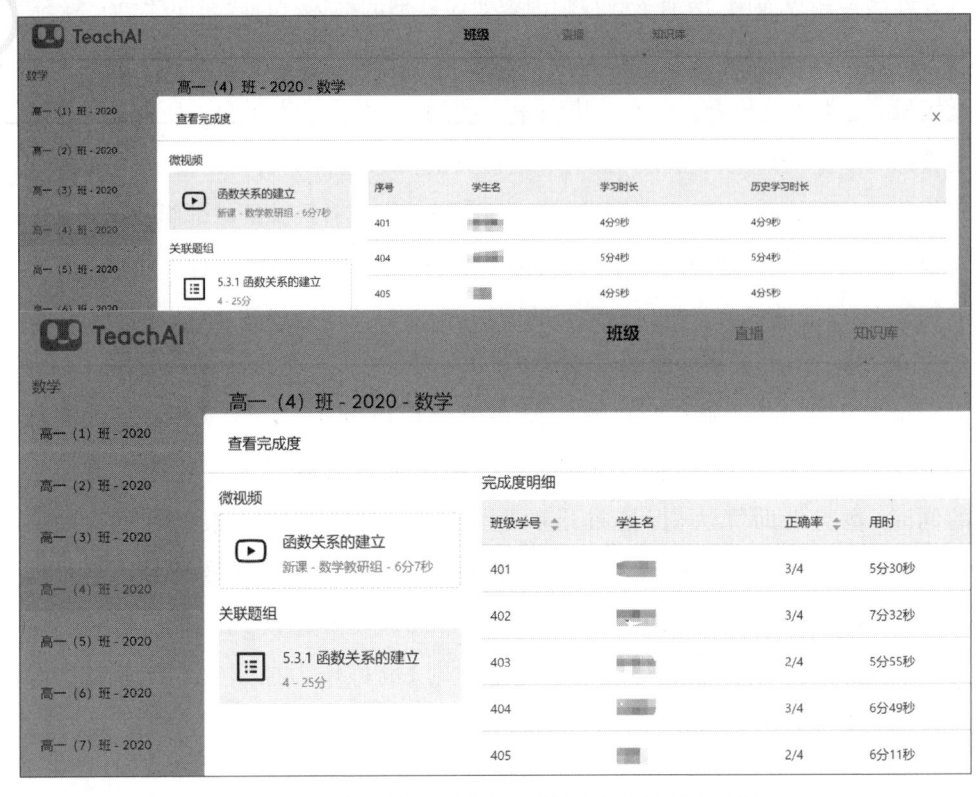

图 5.2.2　线上学习平台教师端学生学习情况反馈

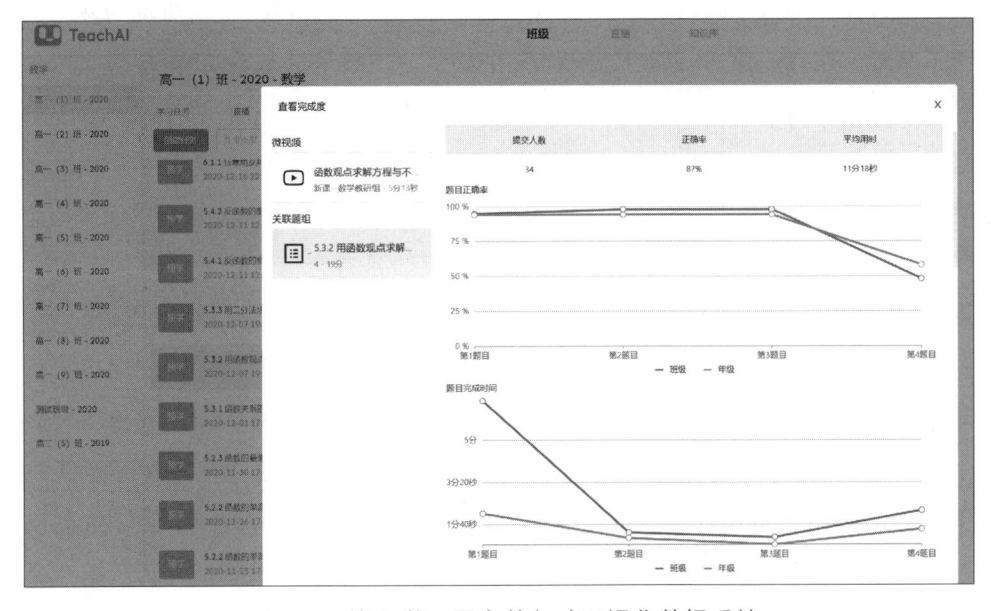

图 5.2.3　线上学习平台教师端可视化数据反馈

在对指向学生个体学习情况的数据进行直接呈现外,平台也提供学生整体学习情况的可视化数据,为教师提供更多元的数据解读,更好了解学生整体的预学情况,为教学流程再造提供保障。从图5.2.3可以看到整个平台学生学习时间、学习水平、学习结果的记录,是对视频学习与题组练习两方面情况进行量化后的呈现。可视化的数据降低解读数据的门槛,并帮助教师对班级线上学习情况有更直观、更具体的把握,以便于针对暴露出的问题进行及时、准确的跟进。

二、精准评估推送,为学生个性化学习赋能

线上学习平台为个性化学习的实施与推进提供了符合时代发展与学生需求的环境和条件。要保障个性化理念落实,在平台开发过程中应关注学生自主学习的需求并提供相关的技术支持。例如通过数据记录与反馈帮助学生了解自己的学习状况,提供多元的评价方式让学生能准确找到适合自己的学习内容与学习方式。

结构化的教学资源整合,为精准评估学生学情并推送相应教学资源提供了理论依据,在信息技术的支持下,自动化阅卷保障学生能获得及时的学习状况反馈,通过算法实现智能推送,在反馈基础上学生可以对符合自身情况的学习内容进行自主学习。

图5.2.4是学生手机端题组练习的界面,在学生完成一组习题的解答后,会直接获得完成情况的反馈。反馈信息包括对题组完成情况的汇总、呈现答案、对做错的题目辅以解析(做对的题目学生也可通过界面左下方的"解析"按钮获取题目解析),以及根据题组完成情况进行后续自主学习内容的推送。学生可以从右下角"推荐学习"按钮来获取相关内容,这一部分的内容并非是固定的,而是根据题组完成情况、知识结构、难度标号等,结合算法实现针对性的智能推送。目前所推送的内容,是依据所完成题组中题目的内容与难度、学生的完成情况进行相应内容的匹配推送,主要分为补偿性学习与进阶性学习。补偿性学习指对于题组完成情况不理想的学生,推送相同内容、相近难度的不同题目来进行学习。如果补偿学习后的题目完成情况仍不理想,则会反馈到教师,对相关问题进行线下的跟进与指导。进阶性学习则是为已通过题组设定的完成目标,并学有余力的学生设计,为他们推送相同内容更高难度的进阶学习,或是推送下一节的微课视频让他们进行自主预习。目前我们通过设置一个正确率的基准线来定义题组完成情况的标准,这主要由有丰富经验的教师统筹把控,后续将随着大量的数据收集与反馈信息,配合人工智能进行分析与追踪,针对每一节微视频与题组练习生成更符合学生学习情况的动态

图 5.2.4　学生端题组练习界面

的判定标准,以实现推送内容的量身定制。此外随着资源(包括视频学习资源以及题库资源)的丰富,也会扩大补偿学习与进阶学习的场景,这既可以是更多题目的选择,也可以更准确地指向相关层次的微视频学习。

线上学习平台为学生个性化学习提供了外部环境,线上丰富教学资源让学生能够在课前更好的开展自主学习,为课堂教学流程再造提供保障。知识结构化的学习平台在信息技术的支持下,即使教师不在身边,学生也能获得及时、有效的指导与帮助,保证学生能够在线上线下相结合的学习过程中进行个性化学习,实现全面而富有个性化的持续发展。

第三节　基于结构化的学习平台

为将部分数学知识学习的内容有效"移出"传统课堂,实现课堂教学流程的再造,为学生进行个性化学习提供支持系统,我们与互联网公司合作,进行了线上学习平台的设计与研发。实践过程中由数学学科先行,对高中数学知识进行结构化梳理,并以此为框架,搭建微视频库与习题库,使微视频、题组练习与学生的知识学习关联起来。在设计、研发相关功能时,围绕将知识学习"移出"传统课堂,对整合在线上学习平台的教学资源进行集成与应用。

一、微视频库的研发与应用

学生通过课前观看微视频进行自主预学活动,是我们对课堂教学流程进行再造的前提,线上微视频库的搭建,既要保证教学资源的质量与有效性,也要便于教师与学生使用。同时,学生在课前除了观看微视频,还有配套的习题推送来完成整个课前预学环节,因此也需要在将视频导入平台时做好相应标号来匹配知识点,并与教学内容和相关题库进行结合。

1. 视频导入

制作完成的微视频在导入到线上平台时不会遇到太多的技术难题,各式各样的视频网站提供了不同的解决途径,而学习平台对于录入的视频除了音画质量、文件格式等常规需求外,要做好与知识结构的关联。图 5.3.1 是教师端上传视频资源的界面,在数学知识结构化梳理的支持下,教师可以对录入的视频内容进行菜单式的知识点标识,完成与相关知识点的连接。

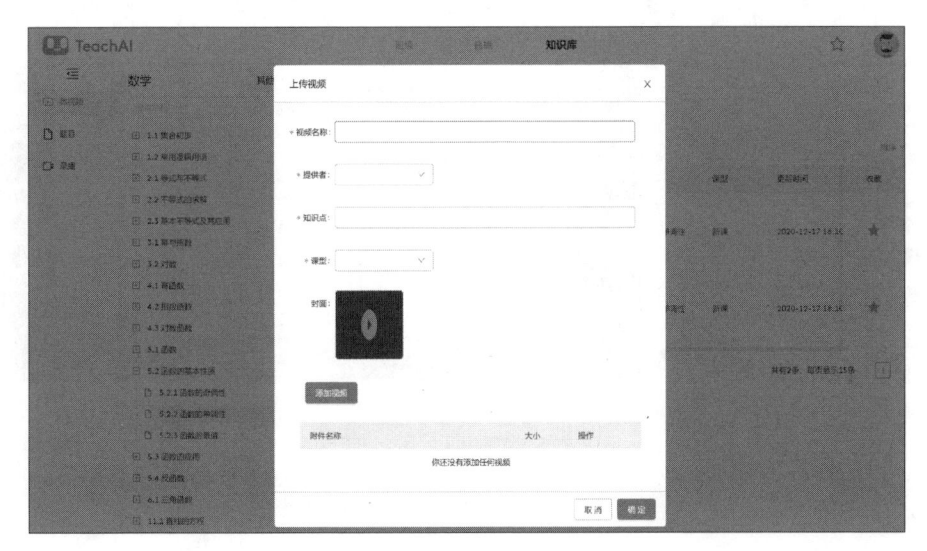

图 5.3.1　教师端上传微视频界面

2. 微视频学习

学生通过微视频进行自主预学时，不仅仅是进行简单的视频观看，这一过程应融入教与学的元素。例如，通过暂停、标签、笔记功能来帮助学生记录下相应的知识点，倍速功能能让学生调整适合自己的学习节奏，留言、弹幕功能扩展与同学、老师的互动渠道，后台的观看时长、观看次数记录可以作为学生学习情况的一个依据。课前微视频的素材随着平台的发展也在不断丰富，会出现与一个知识内容对应的多个视频，所以也可以对视频的标号做好预留。例如，学生可以根据对不同老师的喜好进行选择，教师能根据观看情况反馈来优化视频制作，系统也可以结合教师受众情况的分析进行智能推送。

图 5.3.2(左)为目前我们线上平台进入视频学习的界面，除了视频播放功能以外，也提供了"喜欢""收藏"等互动功能，这些数据的收集可以成为之后对学生学习风格、视频提供教师教学风格的依据，为引入人工智能技术实现学生在平台上进行自适应学习提供数据支持。此外，在左下角的"其他视频"中，学生能看到与所看视频知识点相关联的其他微视频，可以让学生在学习过程中对过往涉及的知识点进行回顾唤醒，或者学完本节视频准备继续学习时，能方便找到相应内容。

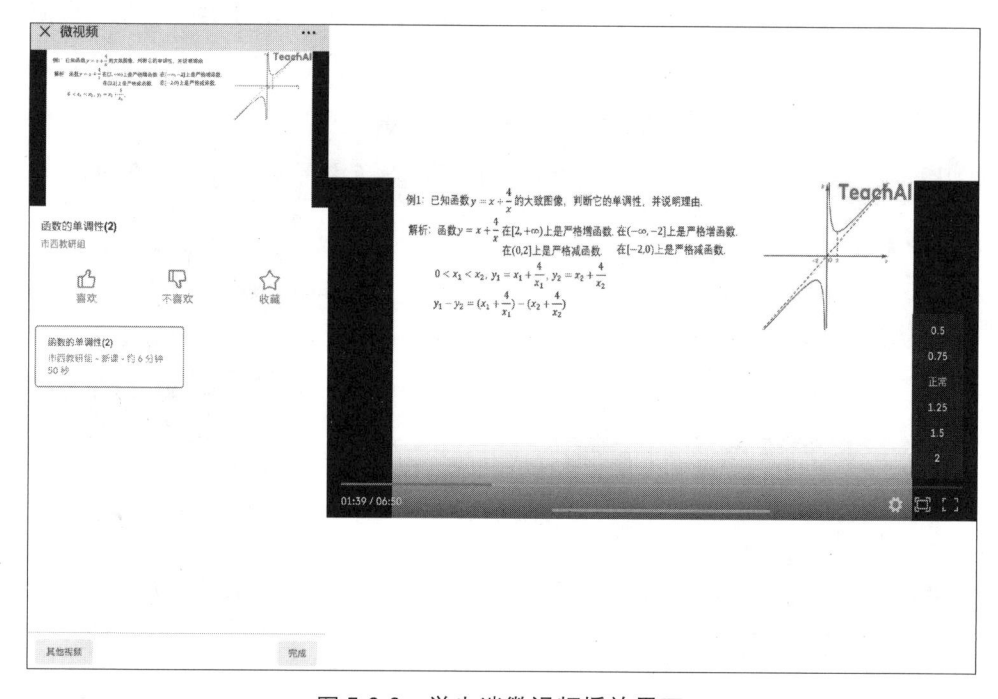

图 5.3.2　学生端微视频播放界面

图 5.3.2(右)为微课视频全屏播放时的界面,目前提供了倍速功能,后续还会加入"标签"功能来帮助学生定位关注的内容。也可增加"弹幕"功能来与同学、老师进行互动,这既可以是对遇到的问题进行提问,也可以是对其他同学的问题进行解答,增加学习的趣味性与话题性。但也需要注意的是,"弹幕""留言"等互动社交属性的增加使得网络安全与网络风气问题变得更加敏感,在开放相关功能的同时也要加大相应的监管力度,以营造符合学生年龄段的平台氛围。

3. 在线直播教学

如果说微视频预学是为教学流程再造做好准备,那么直播功能是对教学流程从线下移植到线上的主要渠道。在搭建线上学习平台时也应关注视频直播功能。视频直播功能既要关注到学生用户的收看,也要为教师用户的直播教学提供便利,一方面是要减少教师刚接触直播时的学习成本,另一方面也需要结合学科教学特点对教师直播界面进行优化。比如数学学科教师在直播时,在白板书写功能基础之上,能够加入一些特色的功能按钮,像是尺规画笔、作图软件、涂色工具等等。视频直播相较于线下教学的优势在于打破了时空的限制,可以更方便地实现教学过程的录制,学生能通过回看录播的形式补上错过的内容,或者是反复观看来加强学习效果。所以,可以在教师的直播界面增加录播功能,在学生端提供回看渠道。同时也应考虑到视频的后续使用,提供视频的审核、标号等功能,并进一步勾连到相应的知识点,丰富视频学习资源。

图 5.3.3 是平台教师端的直播入口,目前的直播功能可以实现屏幕共享、摄像、课件、白板、录制等常规的直播教学功能,同时老师对于录制好的直播内容可以作为视频教学资源进行上传,便于学生回看或者纳入视频库进行共享。这里需要注意的一个问题是对于直播过程的录制可以生成相应的视频资源,但对于这类视频资源的使用需要考虑平台学习中的不同场景,从而加以不同标准的审核力度。例如,对于错过直播的学生而言,录制内容的回看能帮助学生跟上教学进度,因此面向这类学生可以提供实况录制的视频内容;对于进行直播的教师而言,直播的内容会是教师教学风格的记录与体现,通过适当的剪辑收录进教师个人的视频集,结合学生对教师直播内容的反馈,这一系列的直播视频能帮助平台来更准确地对该教师相关视频进行定位,以实现在学生学习过程中进行精确的推送匹配。此外也可对这些直播视频进行更深层次的处理,如挖掘、剪辑出一部分精品内容作为微课视频库中的教学资源,在各类教学环节中能够被检索、推送、引用。

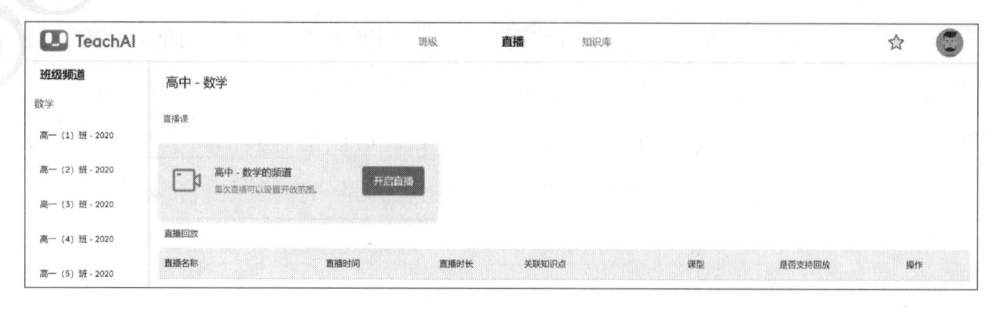

图 5.3.3　教师端直播入口界面

除了微视频预学先导以及视频直播教学，线上平台的学习中能够融入更多的视频学习渠道，可以是长视频类似于线下课堂或是科普电影、讲座实录，也可以是时下流行的短视频，让学生能够结合自己的兴趣有更多的选择。同时也应关注网络安全，随着线上学习平台的发展，尤其是面向社会开放时，更多用户的进入会导致视频内容、弹幕留言等不可控因素增多，需要为可能遇到的情况预留好相应的解决方案。

二、习题库的研发与应用

数字化的习题库作为学生开展线上学习的基础性资源库，在题目录入、使用的过程中，为适应计算机语言的编译与存储，对资源的提供者与使用者提出了更高的要求。在知识结构化梳理下，借助算法可以对习题库进行有效应用，实现具有精准匹配的个别化学习资源推送。

1. 习题录入

在平台的研发与使用过程中发现，由于计算机所能识别语言与我们的书写习惯有着很大差异，数学习题的录入无论对于教师还是学生，带来了诸多不便与限制，这里主要介绍我们对相关问题的思考与解决方案。

数学学科录入题目时，对数学公式须做好统一的格式要求，因此需要提供一个降低输入门槛、方便教师使用，也便于后续计算机语言编译的录入界面。从具体的技术实现来看，由于从录入题目到学生答题的过程需要经历两次编译，即数学题目在录入时编译成计算机语言，再在学生答题时将计算机语言形式存储的内容编译回数学题目呈现出来，并且为了能够应用人工智能来辅助线上教学，一定会有计算机语言的使用，那么就无法绕开这两次编译，从而影响到录入与答题的环境，这也是提升学生端与教师端两大类用户体验的首要挑战。

数学题目录入的主要问题是在数学公式的呈现方式。一方面区别于线下题目呈现，数学教师在录入计算机可识别的题目，尤其涉及数学公式时可能存在不小障碍，另一方面是两次编译对所使用的计算机语言的限制。此外在题目录入过程中，尤其是题库建立的初期阶段，大量的线下题目资源所产生的工作量需要足够的人工来进行消化。结合这些问题，可以有以下三种解决策略：一是参考教育类互联网公司，聘用大量的计算机行业工作人员来录入题目，录入后由数学教师完成标号，其优点在于避免录入时的编译需求并能提高录入时的效率，缺点则是技术人员因数学教学经验不足，导致录入错误以及管理、运营成本的提升；二是由数学教师录入题目，优点在于提高录入题目的有效性以及标号的准确性，缺点在于计算机语言可识别的录入对于数学教师的技术水平门槛要求较高，以及不足以支持初期巨大的工作量；三是引入成熟题库，教师再对题目进行标号使用，优点是能较快地解决大量题目需求，缺点在于需要解决数学公式的编译语言以及题目标号的问题。在具体搭建数学题库时，需要结合自身的需求与特点，以及在不同阶段过程中，对几种类型的题目录入进行选择。

目前我们的线上学习平台支持选择题与填空题的录入，在填空题录入界面，针对数学符号进行相应的录入设计，主要有以下两种录入方式：一是在题干部分允许使用图片格式，即整道题以截图形式导入系统，优点在于简化操作，易于上手，缺点则是难以识别题目内容，不利于后续的智能识别与推送功能开发；二是在答案录入部分做好界面设计，图 5.3.4 展示的是教师端录入答案时跳出的输入界面，除数

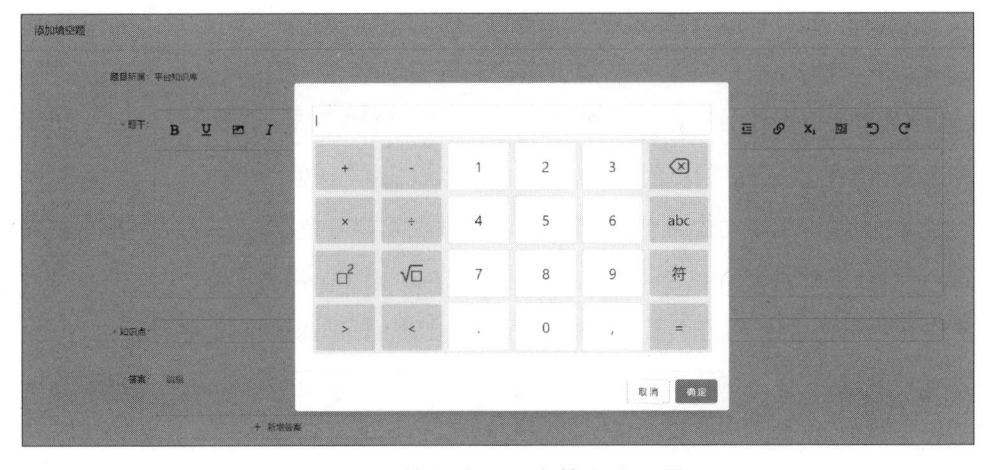

图 5.3.4　教师端习题库答案录入界面

字、字母及简单的运算符号之外,也可调至数学符号的专业界面进行符号的调用与输入,借助类似于手持计算器的输入界面,后台能识别答案并自动编译成计算机语言进行后续的处理。

2. 答题环节

在线上习题库录入题目时我们需要思考如何为教师提供便利,那么在学生做题环节则也应有类似的考虑,尤其是要提供给学生不存在太多障碍的线上答题方式。同时,在识别答案时,也应提高精度,尽量规避因识别错误而造成的答案误判,这一方面会给学生带来不必要的困扰,也会对后续的追踪与推送产生负面的影响。

在学生答题环节,需要注意答案的识别以及答题时学生用户的体验。由于初期学生在线上答题时会与习惯的线下答题有不小区别,需要一段适应过程,因此答题过程应尽量避免过于生僻或是繁琐的操作,尤其是录入数学公式的环节,所以输入界面的简洁、合理是必须要考虑的因素。此外,录入答案的识别也决定了后续学习过程记录以及 AI 介入后进行智能推送的有效性,所以如何将学生的答题准确编译为计算机语言,并进行有效识别就成为了技术上需要解决的重点。

在具体操作中,可以对学生录入答案的界面进行合理规范,比如将输入界面以类似于计算器的形式呈现,常用的数学公式做成按钮便于学生一键完成,这也规避了手动输入时造成的识别问题,此外还可以根据题目内容对所弹出的数学公式界面进行优化,减少不必要的公式使界面更加简洁,学生操作起来更加流畅。在识别学生答案时,需要考虑如何解决数学表达的等价形式,如小数"1.5"、分式"$\frac{3}{2}$"以及百分比"150％",或是代数运算中的等价形式,如"$a+b$"与"$b+a$"。如要囊括这些情形,就需要在题目录入时对答案进行充分的考量,或是预设好所有正确情况,或是引入支持代数运算的识别系统,并且只有解决了答案的识别问题,才能进一步完善"自动化"阅卷功能。

目前,经过互联网公司专业团队的研发,我们给出一个线上答题较为有效的方案,学生在手机或电脑上均可比较简单地完成相应操作。从图 5.3.5 中可以看到当学生在手机上输入答案时,除了手机输入常规出现的字母键盘与数字键盘外,也加入了一个数学符号键盘,数学教师依据教学经验,给出高中阶段较高频率出现的数学符号清单,技术人员完成对相关符号的编译,使其能做到既在输入界面能清晰呈现,也能在录入完成后被准确识别。除了数学常用数学符号以外,也加入了诸如

"或""且""非"等中文逻辑用语。此外,在后续的开发过程中,也会对录入界面的符号呈现进行进一步的优化,比如通过对题目增加关于符号使用的标号,以实现在根据推送题目的内容,弹出相适应的符号界面,像在图 5.3.5 所展示的题目中,由于本题不涉及三角相关知识,故在公式输入界面不弹出三角符号,从而避免过多数学符号的堆砌所导致的使用不便利,这些细节都将会帮助学生更好沉浸在学习本身而不受其他因素干扰。

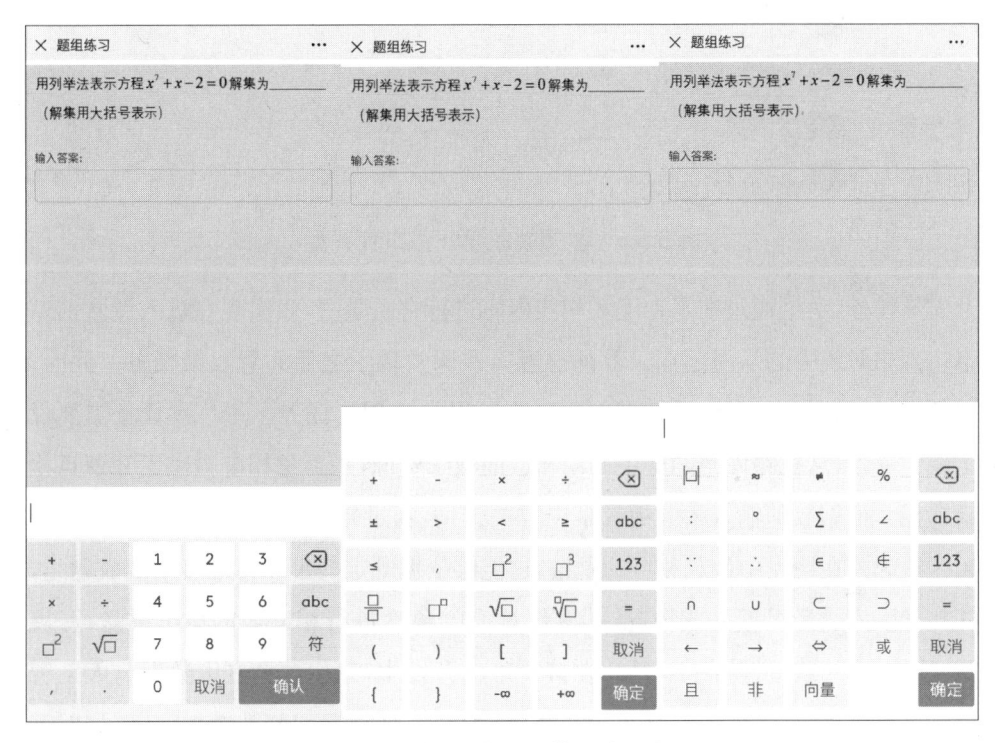

图 5.3.5　学生端习题答案输入界面

三、学习平台的集成与应用

结构化的学习平台在对微视频库、习题库这些资源进行集成与应用的过程中,并非简单的罗列呈现或是对知识学习进行大包大揽,而是结合学生认知水平与课堂教学需求,从学生观看微课视频到完成配套习题,关注学生的个性化学习以及帮助教师有效把握教学起点。

1. 教学任务布置

图 5.3.6 是教师端教师布置教学任务的界面。教师能为线下课堂教学布置线

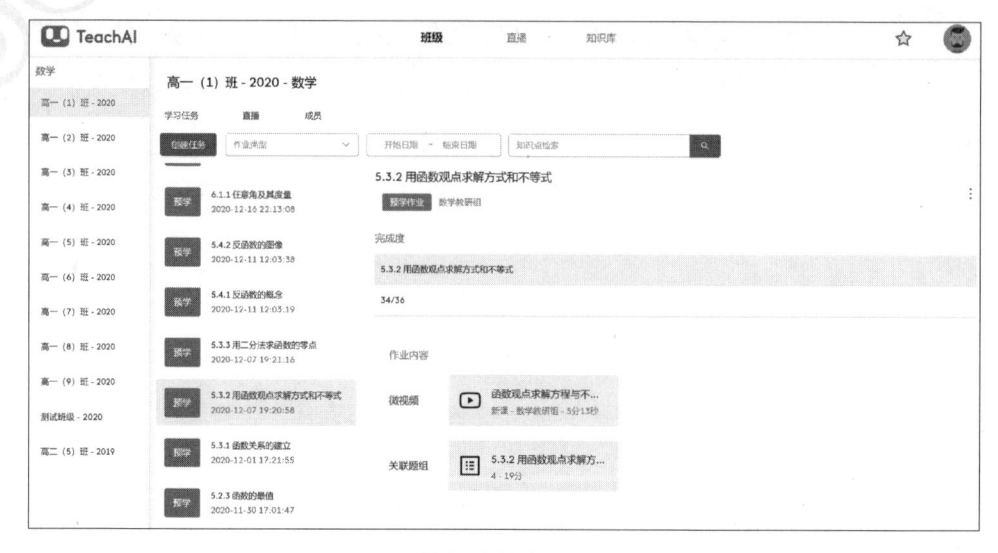

图 5.3.6　教师端教学任务布置界面

上先导任务,学生通过在平台上对相应内容进行自主学习,以实现在进入课堂前基本达到相对统一的学习起点。教师也可以在课堂教学之后布置反馈任务。同时,教师既可以选择相对统一的教学任务,也可以自主创建任务。每一次任务需要设定教学内容,从视频库与题库中调用相应的教学资源,平台也相应提供了知识点检索功能。依据教师输入相应的教学内容关键词,通过知识图谱的标号调取匹配的视频资源并在题库中生成相应的题组,这能够依据既定的难度标准自动生成题组,并在学生完成后根据完成情况,从题组难度的角度进行相适应的后续推送,开展"补偿性学习"或"进阶性学习"。在接下来的开发中,我们也会在大数据与人工智能的支持下,增加更多能够自我动态调整、为学生量身定制的推送功能,例如对于练习完成时间,尤其是具有个性化的衡量标准。不同学生在完成相同作业时所需的时间会有不少差异。如果所有学科都能生成学生在平台上完成当日学科作业的时长推荐,将得到一份学生当日完成作业所需时间的汇总。如果将这个汇总情况加以一定的限制并提醒,一旦有学生当日的学习总时长超过一定量之后平台自动对教师进行反馈,以便教师及时调整作业内容来减轻学生学习压力。相关的操作进行后台数据收集之后也可通过智能手段实现自动化地调整。同时还需设定作业的起止时间,教师可以在制定教学计划的时候就布置好后续各阶段的学习任务,通过设置起始时间使相关作业在恰当的时间推送给学生,而截止时间的设定也能帮助学生有效管理时间。

2. 获取预学任务

学生可以在平台上完成所有的预学任务。图 5.3.7 是学生端的界面，学生进入后能看到任课教师布置目前需要完成的作业以及过往已经完成的作业。例如可以在左图看到学习任务布置的日期和内容，点开"5.3.1　函数关系的建立"进入右图相应内容的学习界面，这里的学习任务主要由视频学习以及题组学习两块组成，通过观看微视频学习相关知识概念，由完成配套的习题检测掌握情况。在课堂教学之前，这将作为课前的预学作业。预学过程可以是观看视频预学相关知识点之后进行题组练习，也可以是通过其他方式，如教材学习，完成知识学习后直接进入题组练习，整个过程完全由学生自主选择进行。这些学习情况的反馈为进入课堂时学生达到相对统一的知识起点提供依据。

图 5.3.7　学生端预学任务栏

3. 技术支持教学活动

在预学过程中使全班学生能够在课前达到相对统一的学习起点，也是教学流程再造的一个前提。为实现这一目的，在学生使用平台进行预学时，平台也应提供相应的辅助，比如在观看微视频时，除了暂停、回看等，还可以在视频播放界面增加标签、笔记等功能，帮助学生更好地去定位相应知识点，便于做好后续的学习与巩固。也可提供倍速功能来满足不同学生的学习需求。课前的预学不止于观看微视频，还应有配套练习的推送，借助录入时做好的标号进行识别，在学生观看完视频之后平台自动推送相应练习，根据学生的完成情况来对预学效果进行反馈，对于做错的题目提供详解乃至相应知识点的视频讲解，再推送补偿性题目做进一步的检验与反馈。

在平台开发初期，我们主要聚焦在微视频、习题库这些与课前预学直接相关的功能，为知识学习"移出"传统课堂提供必要的技术支持。除了指向核心需求的功能以外，平台也将线下教学的部分内容移植到线上，或是添加一些符合学生互联网使用习惯、增加学习趣味性的功能。对于学生而言，提供线上的笔记本、错题本功能也必不可少，这些可以在后期制作视频学习、线上做题时增加相应模块，也可以提供整合、导出功能，便于学生整理与教师指导。

在教师使用过程中，记分册是一个比较传统的记录、了解学生学习情况的渠道，而在线上平台中这一功能将被更全面地实现，配合上学生线上答题，可以精细记录到每一道题目的完成情况，结合学生过往学习情况以及学生段其他学生的学习情况，进行同比、环比的统计数据比较，后期配合人工智能的辅助分析与反馈，教师能更准确地了解自己的教学情况。

总之，平台的开发的建设将保障知识学习"移出"传统课堂这一理念落到实处，为技术应用与教学的深度融合实现可能，极大地满足学生个性化学习的需求，促进学生优势发展。

第六章 课堂教学流程再造

在新的教学模式下,课堂教学的流程也要发生相应的转变,也就是说我们要对传统教学模式中课堂教学的流程进行再造。课堂教学流程再造是参照管理学上的"业务流程再造"的管理思想开展课堂教学与课堂管理,以学生为中心,以满足学生的需求和提升课堂教学的有效性为目标,对现有课堂"教"与"学"的流程进行再思考和彻底的再设计,以期最大限度地利用课堂时间实现学生知识结构、能力结构和精神情感的全面有效调动。

第一节 课堂流程再造五环节阐释

从课堂教学流程再造的理论内涵可以看出课堂流程再造是以"信息技术"为工具与抓手,聚焦于变革课堂教学的流程,并且重新审视和定位教师与学生在课堂教学中的角色与地位,从而最大限度地提升课堂效力,让课堂真正成为让学生学会发现问题,合作探究,思维提升的主战场。这里的"课堂教学流程再造"区别于简单的"课堂教学流程重组",也就是说我们现在需要做的是对传统课堂教学流程的颠覆性变革,而不是将传统课堂教学流程中的各环节进行简单的重新排序、调换等。上海市市西中学数学组将"视频先导"下的课堂教学流程再造为:"目标引领—自主预学—练习反馈—释疑深化—思辨提升"五个环节,通过课堂教学流程再造指向学生自主的深度学习,取得了显著的成效。

一、目标引领

教学目标是关于教学将使学生发生何种变化的明确表述,是指在教学活动中所期待得到的学习成果。在教学过程中,教学目标起着十分重要的作用。教学活动以教学目标为导向,且始终围绕实现教学目标而进行。在教学目标的引领下,课堂教学活动才能有方向地展开,才能做到可测可评。在传统课堂中,教学目标的设立聚焦于基础知识。基本技能的传递与落实。在流程再造后的课堂教学中,教学目标应该划分为两个部分:一个是学生自主预学的目标,另一个是教师参与下的课堂教学目标。其中教师参与下的课堂教学目标是建立在全面了解学生自主预学目标完成情况下进行设立的。

(一)课堂教学中知识内容的移入与移出

为了更加合理地设定流程再造后的课堂教学目标,首先我们从知识与技能方面来思考如何进行学生自主预学与课堂教学内容的选取与划分。相信许多数学教师都会经常遇到以下的几种情形,例如在进行《角的推广》《弧度制》等内容教学时,教师在课堂教学中的大部分时间都花费在对于新定义的介绍,不同度量制度下角度的互相转化等思维层次较低的内容,并且由于这部分内容冗长且枯燥,通常会导致课堂教学环境沉闷而压抑,不利于对学生数学学习兴趣的培养。

与此同时,由于每位同学在新知学习过程中的接受能力不同,就导致在课堂教学中,有一部分接受新知能力较弱的同学不占据话语权,在其他反应能力较快同学的反衬下,更容易失去学习信心,产生自我怀疑。而这种情绪将极大影响这些学生后续的学习,考虑到课堂教学实际中这些教学情形,我们尝试着将这部分新知内容的学习移出课堂,采用能够让学生自主控制学习时间,学习进度与形式更加生动活泼的微视频进行呈现,这样就能在很大程度上,缓解在新知获取环节中,学生由于接受能力的不同而造成的认知差距。

那么如果将这部分知识内容从课堂教学中移出,又要将哪些内容移入课堂教学之中呢?如果学生在自主预学阶段,通过微视频与配套基础题的完成,初步实现了对于新知的了解与熟悉,那么课堂教学中加入的教学内容就不能仅仅只是为了知识上的拔高,更要聚焦于对学生数学核心素养的培养上。经过学生自主预学与课堂教学内容选取的分析,我们就能初步了解如何进行课堂教学目标的设置。

（二）流程再造后课堂教学目标的设定

流程再造后的课堂教学目标不仅仅是沿用传统课堂中原始的教学目标，也即落实学生对基础知识的理解与基本技能的掌握，也不是盲目拔高，一味地追求难度上的提升，而是鼓励学生用数学的思想和方法经历求解问题的过程，在教学活动中发展学生数学的核心素养。因此，我们每堂课的课堂教学目标与传统课堂的教学目标最大区别在于：增加了学生对数学问题的探究过程，强调发展学生的核心数学素养。

二、自主预学

在科学合理教学目标的引领下，学生首先要进行自主预学。这个教学环节对应于传统课堂教学模式下学生的看书预习。在传统的新知课堂教学前，教师经常会给学生布置课前预习的任务，希望学生通过自主阅读教材了解新知内容，思考并记录在预习过程中产生的问题，然后带着问题在课堂教学中寻求答案。

（一）自主预学方式的选取

在传统教学模式下的课堂中教师常常会面对班级中的大部分学生没有进行课前预习，或是部分学生进行课前预习但是没有达成统一的认知起点，抑或是部分同学尝试进行预习但是因为看不懂教材而中途放弃的情况。这样预习的效果无法在课堂中实现效力，教师无法基于学生在预习中所达成的统一的、更高的认知起点作为线下课堂教学的起点，也无法聚焦于学生在预习过程中产生的核心问题进行精准教学，从而很难实现课堂教学的高效性。

针对以上在学生预习过程中产生的种种问题，我们尝试通过预学微视频的方式加以解决。微视频作为知识的传播载体，进入我们的视野已经有很长的一段时间，经过这段时间的技术迭代与自然淘汰，目前教育微视频制作的技术已经日臻成熟，能够基本做到满足多元受众需求，自动过滤不良信息，传递知识不失有趣，浓缩精华凸显亮点，因此微视频已经成为人们获取知识的重要来源。微视频的获取方式有很多种，各大网站上已经汇集了一批微视频可供选择和调用，但是来源于网上的微视频不一定完全契合每位教师的教学实际，因此教师也可以根据自身的需求自行制作预学微视频，这样可以实现与课堂教学更好的匹配与对接。这里需要说明的是，在学生自主预学的过程中，教师不管是选用教学网站上的微视频还是进行自行制作,都要以学生的认知特点、认知能力为基本出发点,切不可盲目拔高或偏离课标与教材对本节课教学内容的要求与定位。与此同时,教师为学生提供的预学微视频也仅作为学生所需预学材料的一部分,学生可以结合自身需要借助课本、教学参考书、网站等其他渠道,获取与本节课相关的知识内容。所以微视频不应该是学生预学的局限,它只是为学生提供了一条可供选择的道路。

在我们的教学实践过程中,虽然学生在自主预学环节可以采取很多种不同的方法,但是通过微视频进行预学的方式,仍然存在着很大的优势。通过对学生的访谈,我们了解到学生在自主预学期间选择"微视频"方式的缘由。首先,微视频内容简洁明了,形式生动活泼。微视频中的内容是将40分钟的课堂教学内容浓缩成5～8分钟的微视频,在观看的过程中可以结合学生的学习进度进行暂停与回放,能有针对性地聚焦于一些知识点与方法,尽最大的可能满足了学生的个性化需求;其次,微视频能调动学生的多元感官,让具有不同认知特点的学生都能拥有不错的体验,从而更好地激发学生学习数学的兴趣,调动自主学习的热情。这也是我们选用微视频预学区别于传统的看课本进行预学的优势所在。每个学生都有着不同的认知特点,比如有些学生是视觉型认知,有些学生是听觉型认知等等,所以多维度、多层次、多角度的感官刺激能更大程度地激发学生的学习兴趣,从而指向学习效率的提升;最后,与教科书相较而言,微视频的内容降低了学生自主学习的门槛。例如在《函数的奇偶性》教学中,预学微视频从函数"形"的对称性特征出发到代数表达式的提炼,从观察、描述到点之间的对应关系再到最后定义的形成,聚焦于概念形成的核心,将教科书中的内容进一步细化,降低了学生进行自主学习的门槛,为奇偶性函数定义的形成铺设了脚手架。因此大部分学生在自主预学阶段选取通过观看微视频的方式进行。

(二)自主预学环节的地位与作用

对于教师来说,自主预学的过程是培养学生自主学习能力的关键环节,对于学生来说,自主预学的过程也是发展自身自主学习能力的重要依托。在此环节中,学生通过教师提供以及自主搜集的资料进行主动性的预学,这个过程不追求全方位深入的理解和消化知识,而是让学生初步的了解并熟悉新知内容,从而形成对于本节课基础知识与基本技能的初步思考,并能清晰地分辨与识别出哪些内容是通过自主预学已经获取的,哪些又是在课堂教学中亟待解决的"问题"。也就是说,在自主预学环节中,学生不仅要学会如何学,更要对自身的学习过程与学习结果有相对清晰的评价。学生在自主预学期间被设定了明确的学习目标,布置了明确的学习任务,学习的结果也将成为进一步深化学习的起点,因此,这一环节在整个教学流程中起着至关重要的作用,也对学生提出了挑战。在采取这种教学模式的初期,教师要对学生进行适当的引导,并在条件允许的情况下进行学生间的预学经验分享,帮助他们尽快找到适合自身的自主学习方法。

三、练习反馈

练习反馈是对学生预学情况的检验。练习反馈是通过学生自主检测、题目点评以及课堂练习相结合的方式反复确定学生对于新知的掌握情况,从各方面全方位的检测学生对于新知内容基础知识与基本技能的掌握。因此这部分的内容包含知识的回顾、重认与简单的应用。

(一)练习反馈环节教学内容的选取

练习部分是在学生看完预学微视频或通过其他方式进行预学后的自我检验,这部分的练习题被称作为"基础题",由教师提供,旨在检验学生的预学是否达成预学目标,并反馈出学生在预学阶段对概念的理解或公式推导过程的理解误区,然后借助这些统计结果在课堂教学中进行针对性反馈。

反馈环节通常分为两个部分:学生点评与教师评价。学生点评的是基础题中的错题,这些错题主要聚焦于集体上的共性错误,教师可以在此环节呈现不同学生的点评。评价的内容包含对微视频内容的理解与基础题的评价,其中涉及的微视频中的内容主要是对定义、定理或公式推导过程的复述;而基础题的评价主要针对统计数据中学生完成情况不好的题目,一般选取两类同学进行点评,其中一类是在这道题目中表现较好的同学与其他同学共同分享解题思路以及书写格式,还有一类是在这道题目中完成情况不好的同学分享在解题过程中存在的困境以及做错的原因。在此基础上,教师进行基础题总结性评价,分析错误原因,明确定义、定理、公式,规范书写格式,让大家对于新知的本体内容有充分的认识和理解,以此作为本堂课课堂教学的起点。

(二)练习反馈环节学生点评示例

在《点到直线的距离》教学中,教师安排了两次学生评价,第一次学生评价,是让学生回忆微视频中点到直线距离公式的推导过程。因为点到直线距离公式有很多种不同的推导方法,在课前预学的微视频中,我们完全采纳了沪教版教科书中通过平面向量进行推导的方式,这也为后续探究性问题的解决埋下了伏笔。但是这个公式的推导给第一次接触类似方法的学生制造了比较大的理解困难,因此在课堂刚开始时,教师就安排学生对于公式推导的过程进行回忆与重认,这对后续教学的推进具有非常重大的意义。第二次学生评价是针对基础题中完成情况较差的应用题进行点评,因为应用题的分析与过程书写一直以来都是高中学生学习数学的难点,因此在这次点评中教师选取了书写相对规范,分析过程相对完整的同学对这道应用题进行点评。

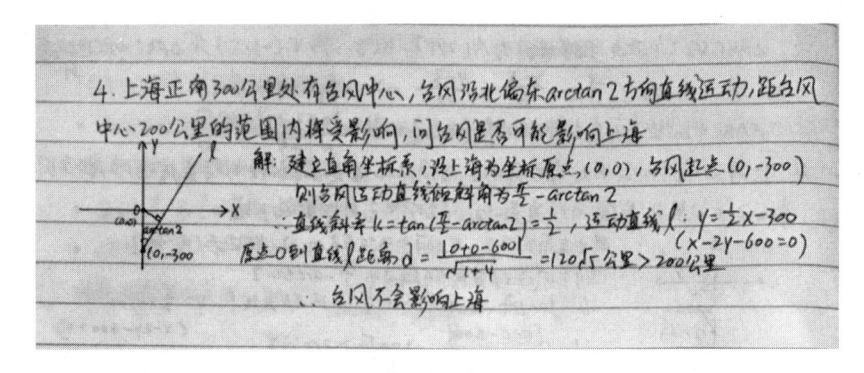

图 6.1.1

学生对于本道题目的过程书写如上,本题可以说是点到直线距离公式的直接应用。学生在点评的过程中先说出了解决本问题的主要思路,就是通过建立平面直角坐标系,并通过点到直线距离公式,求出台风运行路径(直线)中与上海(原点)之间的最小距离,然后与台风的影响半径进行比较,紧接着具体介绍了直线方程的建立,点到直线距离公式的运用以及最后的大小判断,思路明确、条理清晰,为其他同学做出了很好的示范。

又如在《幂函数》的课堂教学中,学生点评主要针对指数为负数时函数单调性的描述。

在课堂中,教师展示出在基础题中两位同学对于幂函数 $y=x^{-\frac{1}{3}}$ 单调性的两种不同描述方式。这两位同学也是代表着班级中大部分同学的结论,其中正确的描述为应为第 2 幅图片所展示的同学,这位同学在点评的过程中,通过举反例的方式指出了第一种论述的错误之处,令与第一种表述相同的同学茅塞顿开,并完成了及时的纠正。这就是学生点评的意义所在,在不同结果的比对、展示与思维碰撞中完成概念的辨析与误区的纠正。

(三)练习反馈中教师点评

在学生点评之前、过程中或者之后教师都可以进行引导性、问题性或总结性评价,教师评价的目的是总结基础题完成的整体情况,提出普遍性与个性化"问题"以及进行结论性总结。学生与教师的总结通常是课堂教学的开端,这个环

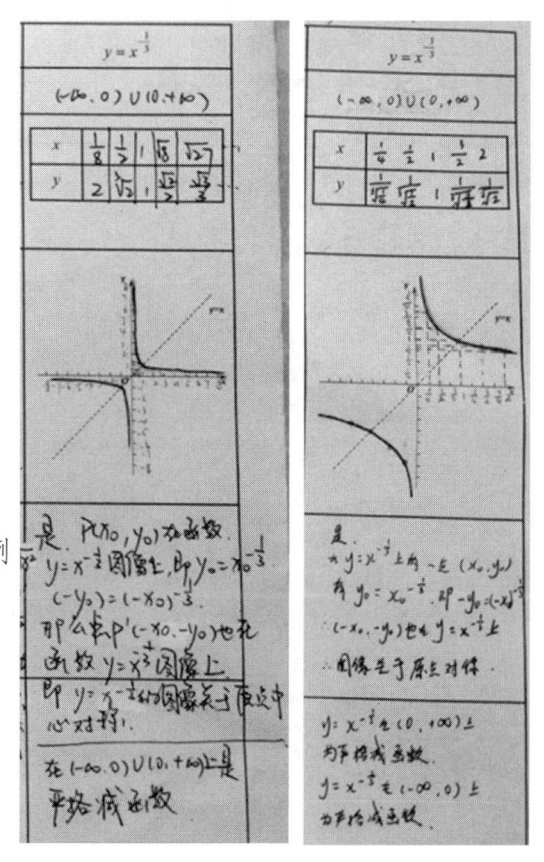

图 6.1.2

节便于教师了解学生自学中对于知识理解的误区以及对于公式推导过程等掌握的程度,进一步确定本次课堂教学的起点,并依据于此设计后续反馈与深化的内容。

在学生点评过后,教师还要为学生提供巩固与反馈的习题。这一过程主要聚焦新知的运用,教师在这部分所选取的习题难度要略高于基础题,主要考查学生是否能够准确地识别新知的应用情境并能灵活地运用新知解决问题。

我们还以上面两节课内容为例,在《点到直线的距离》这节课的反馈环节,我们选取了教科书中的例题:"求证:两条平行直线 $l_1: ax+by+c_1=0$ 与 $l_2: ax+by+c_2=0$ 的距离为 $d=\dfrac{|c_1-c_2|}{\sqrt{a^2+b^2}}$。"下面展示出的是在课堂教学过程中学生上传的解题过程。

这两位同学采取了不同的证明方法,但是都完成了类似的转化,也即通过两条

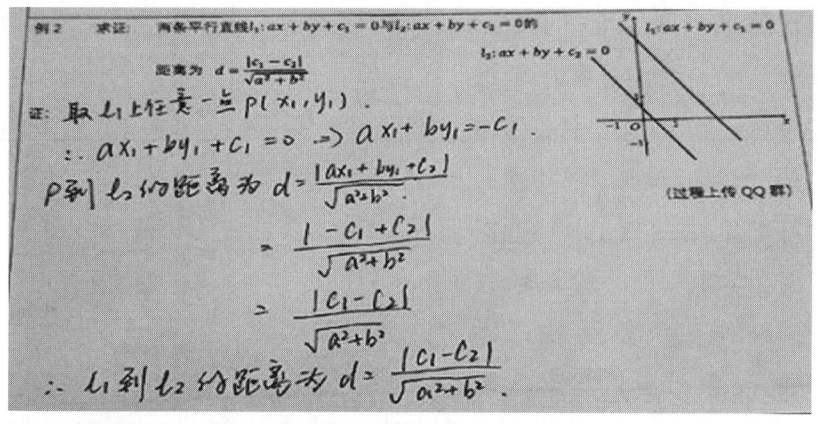

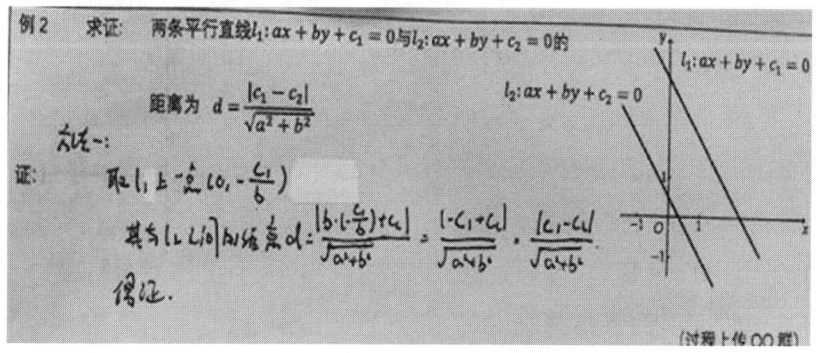

图 6.1.3

平行直线之间距离处处相等,将两平行线之间的距离,转化为其中一条直线上一个点到另一条直线之间的距离,也就是说,这两位同学都准确地识别了点到直线距离公式应用的情境并完成了正确的转化。但是能够看出,图 2 所展示出的这位同学的解题过程不够严谨,因为他所选取的这个特殊点没有考虑到字母 b 可能会等于零的情况,也就是说,这个点的选取可能没有意义,这就说明这位同学在公式的灵活运用阶段忽视了细节,但是通过解法的比照以及与教师的互动,班级中与第二张图片证法相同的同学都很顺利地完成了订正。从这道题目的反馈情况来看,通过前面几个环节的学习,学生已经能够进行点到直线距离公式的灵活运用,可以继续解决一些更有挑战性的问题。

四、释疑深化

经过了前面几个环节,学生已经完全熟悉并能灵活的运用新知解决一些问题,所以此时需要对前面几个环节中所学习的基础知识与操作过的基本技能进行一个总结性梳理,并对产生的问题进行释疑深化。

(一)释疑深化环节教学内容的选取

在这一个环节中,每一个人都可能是问题的提出者,也可以是问题的解决者。在此过程中,教师应该尽量调动学生依靠内部的力量去解决疑问,适当的时候可以结合小组讨论的形式提高解决问题的效率。

比如在进行《正、余弦定理解三角形》的教学时,通过例2的巩固反馈,学生已经完成了以下例题的求解:

"已知 $\triangle ABC$ 中,$a=3\sqrt{2}$,$b=6$。

(1) 如果 $B=45°$,那么角 $A=$ _____(用角度值表示);

(2) 如果将上题答案填入空格,作为原命题,那么它的逆命题是否正确?"

在这时学生就提出问题,在刚才的问题中解三角形时,给定的条件是已知两边及一边所对角,在满足什么条件的情况下三角形有一解,又在什么条件的情况下三角形有两解?

三角形解的个数的问题立即引起了学生强烈的共鸣,因此教师针对此问题组织学生展开讨论。有的小组同学从代数角度出发,也即通过正弦定理的形式出发讨论出现两解的可能条件,将其一一罗列并分别展开逐个确认,也有的小组同学从几何图形的角度出发,通过以给定角的对边为半径作圆与未知边交点的个数来进行探究,都得到了正确的结论,通过这个过程,学生对于三角形的多解性问题有了更深一步的认知。

又如在《幂函数》的教学之中,在学生进行了反馈练习之后,教师向大家提出了一个问题,幂函数 $y=x^a$ 在指数 a 满足什么样的条件时是严格的增函数?这就是在引导学生对于前面已经研究过的幂函数从函数单调性的特征角度进行归类整理,并仿照着上面的方法进行证明。这样问题的提出,有助于学生通过对特殊幂函数特征的研究,逐步过渡到对于一般幂函数特征的整体把握,是对前面内容的进一步思考与深化。

(二)释疑深化环节的地位与作用

通过上面释疑深化环节教学范例的介绍,我们可以看出释疑深化环节是一个融合了生生对话与师生对话两种对话方式的课堂教学环节。旨在对于新知内容的灵活运用产生相对深入的思考,并对前面几个环节所解决的问题进行总结归类。可以说通过这个环节,学生对新知内容的了解与应用,逐步从"量变"的积累要过渡到"质变"的转化。在生生对话之中,学生通过提出、倾听、思考、讨论新知相关的问题,促成对新知内容的全方位理解。在师生对话中,学生又通过教师的引导、点拨、引申促成对新知及其关联内容有更深一步的认识。因此在这部分我们常常能看到课堂氛围十分活跃,也是教师深入了解学生想法同时激发学生学习兴趣的主要手段。

五、思辨提升

课堂教学的最后一个环节是思辨提升。这个环节指向的是学生对新知的深层理解能力、化归能力、迁移能力等综合应用能力的培养,旨在实现学生的深度学习。而深度学习的实现主要依托于学生对于数学知识来龙去脉的深入理解,核心数学思想方法的灵活运用以及高阶思维能力的形成。

(一)思辨提升环节目标实现的现实基础

思辨提升环节目标的达成依托于前几个环节中教学目标的实现。学生思辨能力的培养与思维能力的提升不可能是一蹴而就的,而是在点滴中不断累积而实现的,课堂教学就是培养学生思辨能力的最主要的阵地。在传统的课堂教学中,"具有挑战性的题目"通常作为课后的自主探究内容,但是我们常常能看到这样的情形:在课后因为缺乏了教师的引导与学生之间的合作交流,这些探究性问题对于学生思辨能力的提升没有起到应有的效果,这就必然会导致很多同学对于新知的学习缺乏深入的思考,更无法完成知识内容上的"超越",也就是说,大部分同学停留在知识的表层,而对于数学知识的深刻内涵无法从更高的角度获得感悟,不利于学生对知识的灵活掌握与迁移应用。那么,针对传统课堂中存在的这种问题,我们力求在视频先导下的课堂教学中能够实现补救。这主要得益于学生在课堂教学之前,已经通过自主学习达成了统一的、更高的认知起点。

(二)如何提升学生的思辨能力

那么为了提升学生的思辨能力,我们又该编制怎样的题目在课堂中进行讨论与总结呢？在实践探索中，我们结合课标与教材对于不同知识内容的要求与定位开发了不同类型的题目，以期通过这些问题的思考与探究让学生对于新知有更深层次的理解与感悟。

比如我们在进行《点到直线的距离公式》课堂教学时，结合向量法推导点到直线距离公式的过程设计了如下例题：

材料：已知点 $P_1(x_1,y_1)$，$P_2(x_2,y_2)$，直线 $l:ax+by+c=0(a^2+b^2\neq 0)$，$(ax_1+by_1+c)(ax_2+by_2+c)=0$ 是点 P_1 或 P_2 在直线 l 上的充要条件。如果 $(ax_1+by_1+c)(ax_2+by_2+c)\neq 0$ 可知点 P_1 和 P_2 不在直线 l 上。

(1) $(ax_1+by_1+c)(ax_2+by_2+c)<0$ 时，点 P_1 和 P_2 在直线 l 的同侧还是异侧？

(2) $(ax_1+by_1+c)(ax_2+by_2+c)>0$ 时，点 P_1 和 P_2 在直线 l 的同侧还是异侧？

学生根据提供的背景材料对下列的两个问题进行探究，在探究两点与给定直线的相对位置关系时，学生一定要真正的理解点到直线距离公式的推导过程，发现这个乘法算式中的每一个乘数的形式，都是点到直线距离公式中分子绝对值内的算式，它的意义代表着在给定直线上任选一点 Q，分别与点 P_1 和 P_2 组成的向量 $\overrightarrow{QP_1}$ 和 $\overrightarrow{QP_2}$，与直线 $l:ax+by+c=0(a^2+b^2\neq 0)$ 法向量 (a,b) 之间的数量积，从而得到本道探究题的答案。本道题目考查的是学生的迁移能力，让学生将点到直线距离公式的推导过程，和已知两点与给定直线位置关系的判断，通过代数形式建立起连接，从而达成知识的迁移。

教师在课堂教学的过程中，通过小组讨论的方式来完成本环节的教学任务，因为这部分问题解决起来难度较大，因此通过小组讨论的方式，可以尽可能地提高课堂效率，同时学生也能在小组合作讨论的过程中，发展合作能力与语言表达能力。

又如在《函数的奇偶性》教学中，我们在这个环节设计了如下例题：

阅读下列材料：

我们知道，对于函数 $f(x)=a_1x+a_0$，当且仅当 $a_1=0$ 时，函数 $y=f(x)$ 是偶函数；当且仅当 $a_0=0$ 时，函数 $y=f(x)$ 是奇函数。

对于函数 $f(x)=a_2x^2+a_1x+a_0$，当且仅当 $a_1=0$ 时，函数 $y=f(x)$ 是偶函数；当且仅当 $a_2=a_0=0$ 时，函数 $y=f(x)$ 是奇函数。

对于函数 $f(x)=a_5x^5+a_4x^4+a_3x^3+a_2x^2+a_1x+a_0$，当且仅当 x 的各项系数满足什么样的条件时，函数 $y=f(x)$ 是偶函数？

研究性问题：

对于一般的 n 次多项式 $f(x)=a_nx^n+a_{n-1}x^{n-1}+\cdots+a_2x^2+a_1x+a_0(x\in \mathbf{R}, n\in \mathbf{N}^*)$ 的奇偶性，你能有什么结论？

我们通过给出阅读材料，让学生对项数较少的多项式函数先进行初步的了解，作为性质与结论归纳总结的依据，然后逐步提升到对于一元 n 次多项式函数的性质探究，这就是潜移默化地让学生了解到，从一般到特殊是探索数学问题的基本思路与出发点.在解决相对复杂问题时，我们通常从简单的情况开始研究，获得一些规律或者结论，再通过严谨的研究与证明来验证之前的猜想。相信通过这样问题研究过程的能给学生以指导和启示。

又如在《运用正、余弦定理解三角形》的课堂教学中，我们设置如下题目：

为保障行车安全，有关方面决定自 3 月 14 日起对 1983 年启用至今的延安东路隧道进行大修，采取"浦西往浦东方向通行，浦东往浦西方向绕行"的交通组织模式。A 点是原延安东路隧道浦东入口处，B 点是人民路隧道入口处，C 点是复兴东路隧道入口处，A、B、C 三点可近似地看成一条直线，已知 AB 间的距离约为 1.2 km，BC 间距离约为 0.8 km。现有一车辆在银城路浦东南路路口的 D 处，此路口到 A 点距离约为 0.8 km，此处连结 A 点与 B 点的线段张角约为 70°，请问这个路口到复兴东路隧道入口的距离约为多少 km？（结果精确到 0.1 km）

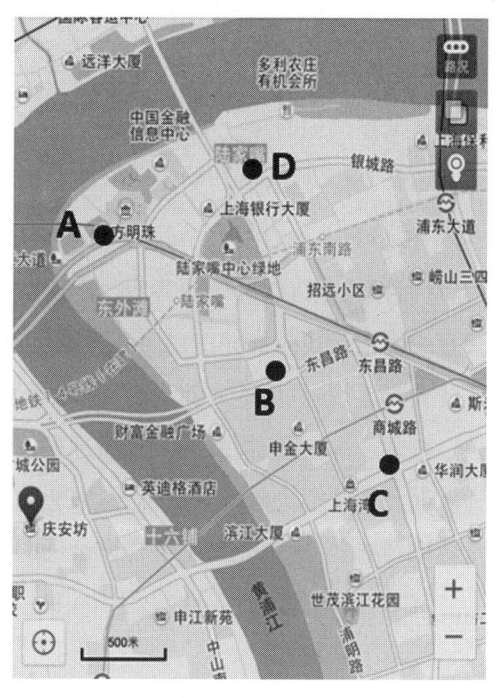

图 6.1.4

这是一个以生活实际为背景的应用题，教师设计本题目是希望培养学生的数学建模的核心素养，数学建模能力的培养是思辨能力提升的重要抓手，因为数学建模题目的解决需要学生的综合能力。这道题目中包含了对于学生阅读能力、提取信息能力、抽象能力、建模能力等综合能力的要求,在课堂教学中,教师仍然可以通过小组合作的形式,对这一问题的解题路径进行讨论,形成方案,获取解答。通过问题讨论的参与,学生各项能力获得了综合发展,思辨能力也得到明显的提升。

第二节　教学流程各环节间的关系

上面我们已经对重构后的教学流程进行了一一介绍,而教学过程的完成有赖于各环节间的相互承接与相互作用,流程再造后的各环节不是简单的拼接,而是有方向、有落实,下面笔者就此展开介绍重构教学流程后,各教学环节间的关系。

一、目标引领与其他诸环节间的关系

教师在设计各教学环节时,教学目标都是首要考虑的,因为在任何环节中,教学的展开都指向目标的达成,因此目标引领对于其他各教学环节都有着统领作用,同时教学目标也为各教学流程效果的检验提供了参考依据。

(一)目标引领与自主预学间的关系

自主预学环节从育人目标的角度来看,是为了达成"培养学生的自主学习能力"而采用的手段,从课堂目标的角度来看,是为了实现"更高的课堂教学起点"而实施的方法。在这些目标的引领下,教师对于学生自主预学提出了明确的目标,并有意将传统课堂教学目标中,一些对于基础知识与基本技能的掌握性内容,移入自主预学之中。

例如在《函数的奇偶性》课堂教学目标的设定中,我们将传统课堂教学中大部分对于基础知识与基本技能了解与熟悉的教学目标转变为通过学生的自主预学初步达成。比如在本节课中,教师可将学生自主预学的目标设定为:从形和数两个角度理解偶函数与奇函数的概念;能够通过函数的图像直观感知一个函数是否为偶函数(或奇函数)。在教学实践中,我们也能观察到学生对于这部分内容,完全能够依靠自主学习即可获得很好的学习效果。

(二)目标引领与练习反馈间的关系

练习反馈是为了检验与落实学生自主预学的目标而设定的教学环节,在《幂函

数》的教学中,我们所选取的反馈性题目是:"函数 $y=x^{\sqrt{2}}$,已知 $x_2>x_1>0$,求证:$x_2^{\sqrt{2}}>x_1^{\sqrt{2}}$",在上海的新教材中,要求通过"幂的基本不等式"来证明幂函数的单调性,但是"幂的基本不等式"对学生来说有一定的理解难度,因此教师在反馈环节设置了这道题目,旨在检验与巩固这项基本技能。

通过练习反馈环节,学生对于新知有了更深一步的认知,为后续的探究性问题的理解与解决打下了坚实的基础。

(三)目标引领与释疑深化间的关系

在课堂教学中,我们设定的目标不仅要关注学生自主学习能力的培养,还要注重学生思维品质的提升,并促成学生的深度学习。重构教学流程后,释疑深化正是聚焦于学生的深度学习,落实上述育人目标。在新知学习的过程中,知识的来龙去脉与相互关联是值得深入思考与反复品味的,在这些教学流程中,教师可将一些背景知识或跨学科内容编制成材料供学生阅读,再通过具有讨论价值的问题提出,引导学生逐层深入,在自我思考与小组协作中获取问题的答案,总结解题思路,提炼数学的思想方法并完成迁移,这些环节的设置与内容的选取,都是在教学目标的引领下进行的。

(四)目标引领与思辨提升间的关系

思辨提升目标的达成不是一蹴而就的,它依托于各课堂教学流程的分阶段落实,也有赖于各环节之间的互相承接、互为铺垫。教学的最终目标都是希望达成"育人"的核心价值,而育人价值的实现不能仅仅只是实现知识与技能的传递,更指向每一位同学全面而富有个性的发展。而数学学科的育人价值则更多的是体现在培养学生学会用数学的眼光观察世界,用数学的思维去思考世界,用数学的语言来表达世界。这些价值的实现都应该是学科教学过程的陶冶与情怀的积淀,也可以说,我们选用怎样的教学流程就是怎样的教育价值导向。

我们能够看出,各教学环节的设置以及环节中内容的安排都是服务于我们想要达成的育人目标。现在所呈现出的五步教学流程,是我校经过反复教学实践沉淀下来的经验,是经过长时间摸索与调整而生成的。教学目标的达成在重构后的教学流程中,我们特地采取学生"自主预学"在前,教师参与课堂在后的教学方式,目的就是尽可能的创设一种适宜培养学生自主学习能力的环境。这也是当今时代背景下的必然选择,目前人类正处于一个信息爆炸的时代,我们的社会中缺乏的不是知识,而是对知识进行筛选、编辑与整合的能力,这就要求学生要经常置身于这样的环境之中,就好比如果想要孩子学会游泳,最好的方法就是把他放入水中。重构后的教学流程,学生的自主学习不仅表现在自主预学的环节中,还会贯穿于教学流程的始终,不论是练习反馈、释疑深化还是最后的思辨提升,不管是学生独立完成还是与同伴讨论或辅助以教师指导,学生的自主性都是课堂的第一性。这样的设置都是在"培养学生自主学习能力"目标引领下教师有意而为之的。综合以上分析,目标引领决定根本导向,决定各教学流程的定位,内容与承接关系,可以说,目标引领是教学各流程展开的根本出发点与归结处。

二、自主预学与后续诸环节间的关系

在教学流程再造后,自主预学作为一个非常重要的环节单独列出,它是所有后续教学环节顺利展开的前提与保障,也可以说,课堂教学各流程是否能顺利推进,主要取决于学生的自主预学是否能够很好地达成预学目标。

(一)自主预学与练习反馈间的关系

在后续教学流程中,与自主预学环节紧密相连的是练习反馈环节,练习反馈环节设置的目的就是检验、落实并反馈学生的自主预学情况。学生在自主预学阶段大部分是自我对话与人机对话,而不像在传统课堂中,大部分是师生对话与生生对话。自我对话与人机对话是给学生营造自主学习的环境,学生在此期间聚焦于资料的收集、知识与技能的习得、问题的提出等,但是自我学习的过程也很容易会产生误区,比如在《函数奇偶性》的自主预学过程中,很多同学会忽视定义域关于原点对称这个判断函数奇偶性的必要条件,而只关注代数形式是否满足就会导致一些误判的产生;在《幂函数》的自主预学过程中,学生无法准确描述出当指数为负数时幂函数的单调性。这些都是学生在自主预学阶段所产生的误区,这些误区如果不通过生生对话或师生对话很难自我消除,因此建立在这样教学实际的基础上,与自主预学环节直接承接的是练习反馈。练习反馈环节结合线上、线下双重课堂教学形式,就是在反复确认课堂教学的起点,聚焦学生在自主学习过程中的疑难问题并采取多种方式逐一攻克,夯实学生在新知学习时的双基。

（二）自主预学与释疑深化间的关系

课堂中的释疑深化环节之所以能在课堂中有效地展开，主要有赖于自主预学环节，学生已经初步完成了新知中基础知识与基本技能的原始积累。在传统的课堂教学中，之所以我们不能给学生留有更多的提出问题以及自主讨论的空间，主要是受限于课时的要求。所以要让学生真正能够成为课堂教学的主体，并有充分的时间能够进行深入的讨论与反思，就要将课堂教学的时间真正地还给学生，而这些的实现与达成，都是要依靠学生课前预学已经部分完成了课堂教学的目标。比如在《正余弦定理解三角形》的教学之中，学生通过自主预学，已经解决了已知两边及一边所对角具体数值的解三角形问题，因此教学中我们基于此教学起点，才能够进一步深入地探讨三角形的多解性问题。这为课堂教学的讨论奠定了坚实的基础。因此释疑深化所达成的目标很大程度依赖于学生自主预学阶段目标的完成。

（三）自主预学与思辨提升间的关系

自主预学与思辨提升，可以说是再造教学流程后培养的主要方向，这两块内容在传统的课堂教学之中，经常是被忽略或者很多教师认为很难落实的，但是两者的相互作用与相互促进，能更好地促进最终教学目标的达成。自主预学期间培养的是学生的自主学习能力，而自主学习能力中又包含学生的自主阅读能力、提炼整理能力、提出问题能力与思考问题能力，这些自主性能力的培养与锻炼都是在潜移默化地提升学生的思辨能力，而通过自主预学环节，思辨提升的最终目标也更加有的放矢。

综合以上分析，自主预学环节决定了课堂教学的起点，为后续教学流程的顺利展开做好了铺垫。

三、练习反馈、释疑深化、思辨提升三环节间关系

练习反馈、释疑深化、思辨提升三个教学流程之间的顺序相对固定，后序教学流程的开展建立在前序教学流程目标实现的基础上。这三步教学流程的设计依据从易到难、逐层上升的原则，让学生在各环节中都有所收获。

（一）练习反馈与释疑深化间的关系

练习反馈是释疑深化的基础，流程再造后的课堂教学并不是盲目地拔高问题

的难度与增加课堂的深度。在学生进行知识学习的过程中,教师对于知识的安排都是由易到难逐层深入的,但是如果前序流程的教学目标没有扎实落实、稳步前进,可能会适得其反,不仅没有培养好学生的思辨能力,更为学生增加了学习数学的负担,从而可能导致逆反,而这种心态一旦形成,再想转变就会变得极其困难,务必保证前序教学流程中,阶段性目标的达成与落实。所以练习反馈作为释疑深化的前一个环节,对于释疑深化所达到的效果起着至关重要的作用。

(二)练习反馈与思辨提升间的关系

练习反馈环节的题目多由教师进行提供,旨在检验学生对新知内容的理解程度,这就为后期的思辨提升打下了坚实的基础,思辨提升主要关注学生对于数学思想方法的提炼以及高阶思维能力的形成,这都要依靠学生对于知识内容的深层理解以及灵活运用。流程再造后的课堂教学中,教师的目标不是仅让部分基础较好、数学能力较强的学生达成思辨提升,更是面向全体同学,希望有了练习反馈的积淀,学生全体能达成思辨提升的最终结果,因此练习反馈起着铺垫与脚手架的作用。

(三)释疑深化与思辨提升间的关系

释疑深化是思辨提升的前序教学环节,可以说释疑深化在一定程度上已经聚焦于学生思维层次的提升。在释疑深化环节中,不管是学生作为问题的提出者还是问题的解答者,这一环节的顺利展开都是建立在学生对于新知内容有着深入思考的前提条件下的,要完成数学思想方法的提炼以及高阶思维能力的培养,最主要的就要引导学生主动进行问题的深度思考,而在深度思考的过程中,提出问题与解决问题能力正是最直接的表现形式,因此思辨提升的过程其实是潜移默化地贯穿于学生课堂学习的过程之中,而释疑深化环节更是引导学生对新知内容进行进一步深挖,为后续数学思想方法的提炼以及高阶思维的提升做好铺垫。

了解了教学流程再造各流程之间的关系后,我们就更容易把控教学。任何一个流程的开展都需要基于学生的学情,我们进行教学流程再造旨在为每位同学提供最适合的教育,其中包括最适合的情境、最适合的方式、最适合的时间、最适合的课堂环境。在信息技术的加持下,学生学习的时间和空间都发生了质的变化,而教学流程的关键就是利用这些变化寻求更加高效的学习方式。每个教学流程都承载着一定的育人使命,也指向了培养学生的自主学习能力,我们期待在这种模式的培养下,能够真正给予学生在未来社会生存的知识与能力,而不仅仅局限于课本中的内容。

四、流程再造后的课堂教学流程中需要注意的问题

当教师按照本教学流程进行课堂教学时切不可盲目地拔高要求,或者由于受限于课时等原因,在不进行任何铺垫环节或者在学生未充分掌握新知内容时,就组织探究性问题的解答与讨论,虽然这部分内容通常是课堂教学过程中的亮点也是最终目的,学生的自主预学与课堂教学都是教学的一部分,不可割裂与偏废。在传统课堂教学模式的影响下,人们下意识地会认为有教师参与的课堂教学才是真正的课堂教学,学生的自主预学不是课堂的一部分。无论是教师或者学生,如果有这样的理念就会逐步地忽视课前自主预学的部分,甚至很多教师在第一次接触这种全新的教学模式时,在课堂教学过程中又将学生自主学习的知识内容重新讲述了一遍,这不仅造成了无畏的重复,也不利于学生良好自主学习习惯的养成。特别在教学模式转变的初期,更要引导学生结合自主预学的内容,切实让学生通过视频先导达到统一的更高的认知起点,才能保证之后教学流程的顺利开展。因此可以针对此教学模式进行适当的培训与分享,让学生在学习、交流与不断调整中尽快掌握线上与线下课堂教学相结合的模式。

课堂教学是建立在学生自主预学基础上的,自主预学与课堂教学相辅相成,相得益彰。课堂教学的起点是学生自主预学的内容,因此教师在进行课堂教学时,首先要全面地掌握学生的预学情况,通过网络平台上的统计结果或者书写过程,对学生的预学情况进行精准定位,区分出个性问题与共性问题,聚焦集体性错误,再进行课堂的教学设计。切不可盲目地根据以往教学经验进行与学生预学情况不相符的教学,这样无法提升教学的有效性。教师在教学过程中也需要不断进行总结与调整,让学生的自主预学与课堂教学做到相辅相成,相得益彰。

第七章　研究成效与未来展望

知识学习"移出"传统课堂是学生根据自己的内在需要、发展追求和现实情况，在教师的指导下，在特定的学习环境中，通过对各要素的自主整合和运用，实现自己自主学习和发展目标的过程。将知识学习"移出"传统课堂具有个体特需性、自主选择性的特征，是学生对自己负责的一种学习行为与选择。因此，知识学习"移出"传统课堂是学生自觉践行的学习过程，它不仅需要学校和教师的教育指导，更需要整体思考其理念架构，才能促进学生更好地发展。

通过对市西中学开展知识学习"移出"传统课堂实践探索的全面跟踪与剖析，我们认为学生知识学习"移出"传统课堂的有效展开将促进学生思维能力和品质的发展，促进学生的深度学习，我们将基于对实践成效的剖析、理念研究结论和未来的展望对学生知识学习"移出"传统课堂这一理念进行阐述。

第一节　教学的成效与分析

我们不仅对知识学习"移出"传统课堂的理念建构进行研究，更重要的是对于高中学生知识学习"移出"传统课堂的进行实践研究与探索。

2016年，上海市市西中学数学教研组聚集优秀教师团队，启动了将知识学习"移出"传统课堂的探索性研究。在梳理高中数学知识结构的基础上，录制了一套核心概念与方法的教学微视频，编制了一个基于知识与能力结构的基础性题库，依托网络平台针对学生需要，由教师或学生自主选择学习，或由网络平台智能化匹配推送。整合具有多标签、结构化的学科资源，建立学生学习过程中诊断评价与匹配推送的操作流程,研发支持整体因材施教的个别化学习平台。通过技术应用环境的建设,初步建构了"目标引领—自主预学—练习反馈—释疑深化—思辨提升"的教学流程。

在研究过程中,我们通过调查问卷、数据分析等方式,对体现学生知识学习"移出"传统课堂所产生的成效进行了汇总分析,发现这样的教学使学生自主学习意识、数学学习能力和思维水平得到了全面提升。

一、实验设计与数据采集

从2016年9月开始,数学教研组在当年新入学的高一新生中间,开展了一轮完整的教学实验,通过合理的班级布局与差异化的教学过程,以探究新型课堂在实际教学过程中的实效性与合理性。在完成高一年级学生的教学对比试验之后,结合"云课堂"先导教学模式所取得的成绩,又在下一年入学的高一年级学生中间全面铺开了这样的教学模式,进行了新一轮的教学实验,在更大范围内开展了对新型课堂的调研。

(一)教学实验设计

在第一次的教学实验中,我们以一个平行班、两个创新班作为实验班,由实验团队的老师任教,开展"云课堂"指导下的新型教学模式;另一个创新班,以及三个平行班作为对照班,由教研组其他老师任教,采用传统的教学模式,进行常规模式下的正常教学工作。实验组与对照组班级除在教学模式上有所差异之外,在教学内容方面没有显著差异,同类型班级学生的层次水平也基本一致,无明显差异,负责两组教学工作的老师在教学能力上水平相当,能力相近,对于学生学习的要求一致。在实际的教学阶段,两组班级的课时均严格按照教学基本要求的规定执行,学生在学期过程中所使用的练习、资料均有备课组统一设计,使用。每学期期中、期末的考试试卷均由学校统一设计、组织,学生的评价均由教研组、备课组按照统一的标准共同开展,以确保本次教学实验结果、数据的公平、有效。

(二)实验数据的采集

实验的数据主要由两部分构成,一部分是客观的学生考试成绩,分别由两学期四次统一测试为准,另一部分是相对主观的问卷调查数据,由参与实验的团队老师根据实验所需设计,并进行分发收集。我们希望从客观与主观两个层面出发,既能了解到新型课堂在教学成效上的价值,又可以关注到此模式对于学生在学习体验上的影响。

就问卷的设计而言,我们主要研究学生平时的学习习惯、观看微视频的习惯、对微视频的评价,以及课堂参与程度这几个部分。在参考了相关的文献与著作后,结合自身的教学实际情况设计出了本次实验所需的调查问卷。

新型课堂与传统课堂的最显著区别在于学习内容、过程的变化。因而在问卷的构成上,我们设计了部分关于学生学习习惯的问题,用于调查学生对于课前预习的习惯,以及对微视频的使用、感受期望等几个具体的指标,以了解在新型教学模式下学生的学习方式方法;同时由于课堂形式的转变,学生相比以往在课堂上的参与程度也有不同,我们也针对这一部分转变设计了相关的问题,了解学生在课堂上的参与程度,以及在课堂上的直观感受,以便指导实验的进行。

问卷的投放与采集使用无记名的方式,在高一学生入学的第二学期期中考试前后,于实施新型课堂教学的实验班中进行投放。而在投放问卷的同时,我们也对部分学生就问卷所涉及的问题进行了更加深入的调研,以便我们更好地了解学生在学习过程中的感受,以及对新型教学模式的接受程度。

二、实验数据分析

在第一轮实验中,我们通过分析每学期的期中考试、期末考试的成绩,以4个平行班的考试成绩作为实验数据,展开对比研究,并利用表格中的 t-检验对数据

表 7.1.1

单个样本统计量

	N	均 值	标准差	均值的标准误
实验班一上期中	28	65.750 0	13.407 09	2.533 70

单个样本检验

	检验值=62.222 727					
	t	df	Sig.（双侧）	均值差值	差分的95%置信区间	
					下限	上限
实验班一上期中	1.392	27	.175	3.527 27	−1.671 5	8.726 0

进行分析。总体而言,可以发现在学生刚开始进入高中进行学习,刚接触新学习模式的时候,从平时的教学过程来看学生都或多或少产生了一些不适应的情况,尤其是对一些相对抽象,或是对方法技巧要求较高的内容,学生的学习相对比较吃力,而从第一学期期中考试的成绩中也能够有所体现。

不论是实验班的学生,还是对照班的学生,在本次考试中的成绩差异并不明显,显著性指标 0.175,大于 0.05,反映出在第一阶段的学习过程中,新型课堂的教学与传统课堂的教学成效差距并不明显,实验班的成绩虽在 4 个班级中排位最高,但并不明显,几个平行班之间的分数无明显性差异,平均分都分布在 4 分的差异之中。这也反映出在学生在进行新型课堂模式下的学习之时,需要一个逐渐适应的过程,如同学生刚进入高中时一样,他们的自主性学习意识、能力都需要花费一定的时间去进行调整、成长。

而经过一段时间的适应之后,在第一学期的期末考试中,实验班相比对照班,其在考试中的表现就有了显著的不同。在经历了半个多学期的调整,学生在平时的学习过程中逐渐习惯了"云课堂"模式的学习,对于微视频的学习也变得更加认真。对他们而言,原本陌生的课前微视频学习、课堂合作性学习与探究性学习的模式,在经历了半学期的适应后已经形成了习惯,学生在平时的学习过程中对于每一节课的预习明显有了更高的关注。同时在课堂上,学生对于例题、思考题的参与程度相比以往也更加积极,与之前课堂上学生更加期待老师讲解的情形相比,现在有更多的学生能够在课堂上主动表达出自己的想法与观点,与同学、老师展开交流,

表 7.1.2

单个样本统计量

	N	均值	标准差	均值的标准误
实验班一上期末	28	85.750 0	10.017 11	1.893 06

单个样本检验

	检验值=79.104 65					
	t	df	Sig.（双侧）	均值差值	差分的95%置信区间	
					下限	上限
实验班一上期末	3.510	27	.002	6.645 35	2.761 1	10.529 6

共同协作解决问题,对于探究性问题的解决也有更多的学生愿意分享自己的解决方案,为自己的同伴提供思路,更有甚者愿意亲自动手,向同学展现自己的解题过程。相比上半学期学生的表现,可以看出当学生逐渐适应当前的教学模式之后,学生更加乐于思考,对于问题的解决、合作有了更强的意识,开展合作学习、探究学习的意愿相比之前有了明显提高。

在第一学期的期末考试中,实验班的成绩与其他三个对照班的成绩分布在10分左右的范围中,实验班的成绩明显高于另外的三个对照班。在数据上,显著性指标 sig=0.002,明显低于0.05,表明实验班的成绩相比其他的班级而言确实具有显著性差异,也证实了新型课堂对于提高学生的自主学习水平,提升学生学习效能方面确实具有明显的成效。

而进入第二学期,这种差异继续得到了保持。在第二学期的期中考试中,实验班的成绩继续保持了领先势头,并逐渐拉开了与其他班级之间的差距。在任教的过程中,可以发现实验班学生的学习主动性、作业的正确率、对错题的订正自觉性都很高,学生对于自己学习的质量都提出了较高的要求;另一方面,学生对于微视频的使用也不再局限于平时的课前学习,相比上学期有更多的学生将微视频用在了平时课后的复习、考前的复习之中。对他们来说,微视频的学习相比以往的课堂学习,最大的优势就在于打破了原先对于新知识的学习只能局限在课堂的情况,有了微视频,他们可以在课下、家中展开学习,学习时间、地点可以由自己掌握;同时,观看微视频的次数也可以由自己决定,有自己没有看懂的地方可以返回重新观看,直到看懂为止。利用微视频,学生自己可以控制自己的学习进程,在课堂以前达成所要求的学习层次。

表 7.1.3

单个样本统计量

	N	均　值	标准差	均值的标准误
实验班一下期中	27	75.000 0	10.640 99	2.047 86

单个样本检验

	检验值=66				
	t	df	Sig.（双侧）	均值差值	差分的95%置信区间	
					下限	上限
实验班一下期中	4.395	26	.000	9.000 00	4.790 6	13.209 4

从数据上看,实验班的成绩仍然保持了上一次考试的势头,显著性指标 sig = 0.000,低于 0.05,相比对照班仍然存在显著差异。

回顾整一学年的教学,可以发现对于学生而言,接受"云课堂"的新型教学模式经历了从磨合到适应,再到内化的这一过程。通过"云课堂"的教学模式,使得学生在课堂学习之余提升了课前、课后的自主学习能力,这得益于合适的微视频与配套练习的帮助,加之学生在课下、课上的自主性学习与合作性学习,让学生在学习时间有限的情况下明显地取得了相比传统课堂更好的学习成效。而通过几次测试的成绩也能看出,在学生逐渐适应"云课堂"教学模式的背景下,随着时间的推移以及学生的不断适应,学生对于数学知识点的理解、掌握相比普通模式下的学生逐渐产生了显著的差异,且这种差异的程度也会随着时间的推移逐渐增大。从测试评价上,不难看出"云课堂"教学模式确实相比传统的课堂存在着显著的优势,在合适的教学设计与微视频指导下,确实可以让学生通过自主学习与合作性学习产生相比以往更好的教学成果。

三、问卷调查分析

为全面了解知识学习移出传统课堂这一理念的实效性,我们针对性地设计了一份调查问卷(附件),并于 2019 年组织了两次调查,调查结果表明,这一教学模式对学生的学习和发展具有积极的作用和影响。

(一)"云课堂"模式激发内在需要

通过问卷调查,我们发现,在"云课堂"的教学模式下,80%以上的学生能够在一到两周内适应新的教学模式,说明新的学习模式对于学生而言,熟悉起来并不需要太多的时间,绝大部分学生都能够在短时间内熟悉,并在之后花费一定的时间与精力更进一步地适应。在微视频设计的时长上,超过 70%的学生认为微视频可以控制在 15 分钟以内。在交流时,学生认为微视频设计精简,内容浓缩,自己往往在观看之余还需要花费一些时间去消化、吸收相关的知识点与讲解,自己完成一个微视频学习的时间往往会比微视频本身长一些时间,因而微视频的时长应该有一个上限。而在实际对学生的采访中,学生也表示在刚接触微视频的一段时间里,由于学习经验的不足,往往对微视频的学习效率不是很高,通常都要花费很长的时间,同时时长过长也不利于自己对其中内容的吸收,因而对于学生而言,微视频的设计确实需要在时间有限的基础上,切实地做到内容的精炼、浓缩。

对于刚进入高中的学生而言,自主学习相对他们确实是一个比较高的要求,而在我们的实际操作过程中,也确实发现了在实验初期学生出现的不适应情况,如在学生课前上交的基础习题中,有一部分学生出现习题缺做、不做的情况;又比如在课堂上,有学生出现没有记录微课学习笔记、例题的情况;也有学生缺少对于课前预设问题的思考等等。在刚施行"云课堂"模式的一段时间里,学生由于学习习惯的缺失确实会存在学习上的问题,但从学生的角度也可以看出,大部分学生对于"云课堂"的教学模式还是十分认可的,也有很大一部分学生能够在一个较短的时间里适应新模式下的学习。因此在刚开始推行"云课堂"教学模式的一段时间里,教师在关注自身教学设计的同时,更要关注到学生对于新的教学模式的适应,以及学生自身学习习惯、能力的培养。教学微视频做到"短而精",课堂教学活动做到"循序渐进",通过逐次深入、循序渐进的方式不断让学生适应"云课堂"的教学模式,从而为后续的教学工作做好学生在学习习惯、学习能力上的培养。

(二)微视频使用提升课堂效率

而在微视频的使用上,我们发现不同的学生中间也确实存在着使用方法上的较大差异。在受访的学生中,有73%左右的学生会主动选择利用微视频展开课前预习工作,对他们而言,微视频的学习基本等同在课堂上听取老师的讲解,在课前的学习可以让他们完成对新课知识点的基本掌握,确保自己能够在后续的课堂学习当中能够不掉队,避免出现课堂学习上的学习困难。在观看微视频的地点选择上,学生更倾向于在家中观看微视频,这一比例在两次调查中分别占到了45.8%与70.8%,通过进一步的询问,学生认为在家中的学习时间更有利于自己对于微视频学习的掌控,能够腾出连续的时间进行对微视频的学习、练习;另一方面,在家中的学习也可以让学生避免一些因素的干扰,让自己处在一个比较宽松的环境中,从而使自己在学习微视频的同时更加轻松,学习效率也能有所提升。而在观看微视频的次数上,我们发现有绝大部分学生在学习新课时会观看1~2次左右微视频,观看的方式以整段观看为主,但有80%以上的学生反应在观看的同时,如果遇到自己没有理解的内容,会反复观看对应的部分,直到看懂为止。在我们对这一部分学生的采访之中,学生表示对微视频的学习相比传统的课堂学习,最大的好处就在于自己可以灵活掌控自己的学习节奏,不用担心自己在学习的过程中遗漏、错失一些学习内容。整段观看的好处在于能够让自己在第一次的学习中建立对所学内容的直观感受,通过第一遍的学习可以大致了解所学习的内容,并寻找出一些对自己而言难以理解的知识点,并在后续可以采取倒回观看,又或是重新观看的办法。在这样的学习模式下,自己在理解的部分可以跳过,对于自己有困难的部分可以反复斟酌,或是暂停思考,通过自己对自己学习进程的把控做到对微视频学习的掌握。

微视频的使用为学生开展个性化的自主学习提供了比较好的学习素材,通过调查也可以发现学生在观看微视频,学习新课的过程中能够根据自己的选择与实际情况,开展适合于自己的学习。而通过对微视频的反复学习,也能够保证学生能够在课前达到或基本达到预先设置的学习程度,确保学生在课前能够达到统一的认知起点。

(三)习题库使用促进内驱动力

对于每一个教学微视频,我们分别配套设计了相关的基础习题,方便学生的理解与自我检测。对于基础习题的设计,在实验之初我们以微视频内容为主体,而随着教学实验的逐渐深入,我们陆续融合进了一部分的课堂教学内容,让学生进行思考。而针对基础习题的编写与安排,超过半数的学生认为有必要安排配套的习题。通过调查可以发现,两次调查中分别有83%与90%的学生认为自己能够通过对微视频的学习掌握相关的学习内容,而基础习题的设置为他们对自己学习成果的检测提供了适合的工具。在调研的过程中,我们也通过学生了解到,当他们在观看微视频的同时,基础习题的设置为他们的自主学习指明了学习的重点,能够确保他们在观看微视频的过程中更加关注对知识点的学习以及对基础习题涉及问题的解决。在被问及基础习题设置的必要性时,有超过70%的学生认为基础习题有利于他们对微视频的学习,而认为有必要为微视频配上基础习题的学生更是超过90%,可以看出学生对于基础习题的设置抱有支持的态度。

从调研的结果可以看出,对每一个教学微视频附上配套的基础习题对于学生的自主性学习而言确实有着积极的作用。习题的安排能够激励学生关注到微视频学习过程中的重点,让他们在自主学习的活动中做到有的放矢,也可以让他们在自己学习的过程中有标准来衡量自己的学习成果,又或是可以安排好自己的学习过程。据大多数学生反映,在他们学习微视频之前,会先自己看一遍相应的配套习题,再带着问题去观看微视频,等到第一遍学习结束后,会自己进行尝试完成配套练习,如果在完成的过程中出现问题,则会对相应的知识点进行回看,直到弄懂为止。据这部分学生说,在观看完微视频后能否自己完成基础习题能够确实检测出自己的自学情况,暴露出自己在哪些知识点上存在问题,也可以激励自己去尝试解决问题。也有一部分学生表示自己在微视频学习的过程中会逐题完成相应的基础习题,配合自己的学习,以检测自己的即时学习成果。而在基础习题的设计上,绝大多数学生认同配合教学微视频的内容开展习题设计的做法,认为这样既可以让自己在完成视频学习同时便可以得到锻炼,也可以让自己通过对习题的解答获取信心,树立自己的学习兴趣。而另一方面,也有一部分学生提出可以在设计习题的同时,配合后续的课堂教学编写一部分习题,让自己能够在课堂学习以前针对后续的部分学习内容展开一定的思考,促使自己能够在实际的课堂学习中更加关注相应的内容。总之,在基础习题的设计与安排既满足了学生对于为视频学习后自我检测的需要,又起到了承接课堂学习,让学生在课前提前思考的作用。

(四)教学流程构建改变学习方式

而在问及是否需要在微视频学习的基础上,提前布置课堂作业时,有81%的学生认为确有必要,也反映出学生在完成微视频学习之余,有意愿在课前独立思考课堂的教学内容,从而进一步提升他们自主学习的效率与水平。他们认为,如果能够在课堂学习以前提前对课后习题有所思考,或是有所完成,能够让他们在微视频学习的基础上进一步有所思考,为之后课堂的学习提供更好的基础。而在学生课前能够独立完成课后作业的情况下,75%的学生表示自己愿意继续留在课堂中,再一次听老师的讲解。而被问及具体的原因时,学生表示自己在课前的思考相比老师的讲解,可能还存在一些问题,或者在对问题的思考上自己还想知道老师的思考方法,确保自己在掌握个性化方法的同时,进一步了解课堂上统一讲解到的思想方法,确保自己在平时的问题解决中能够多一条路径、多一种方法,避免遗漏。而在课堂的参与上,习惯"云课堂"模式学习的学生合作解决问题的意识也相对较高。在课堂讨论解决问题时,近半数学生在面对自己与同伴都不会的问题时会选择与同学共同合作解决问题;针对在讨论时自己与同学都会的问题,60%的学生表示自己愿意继续参与讨论,与同学分享自己的方式方法,也以此为机会学习同伴的思考;针对在问题讨论中自己不会但其他同学会的问题,也有超过半数的学生表示自己愿意通过与同学的讨论来解决自己的问题;最后针对学生自己会但身边同学不会的问题,则有81%的学生愿意在同学面前展示自己的方法,帮助其他同学学会这类问题的解决。

在"云课堂"的模式下,由于学生在课堂学习以前已经完成了部分教学内容的学习,并带有了自己对于所学内容的思考,因而在实际的课堂学习中,普遍存在着比较高的课堂参与度,更希望在课堂上参与一些合作学习,与同学交流讨论的机会,既能够与同伴进行分享,也可以在交流讨论的同时学习到他人的方法,在合作学习的过程中共同成长。由于学生在课前的学习主要自己独立进行的,少有同学之间的相互交流,因此彼此之间对于问题的理解程度,解决方法都有所不同。因而在实际的课堂学习中,同学之间更加欢迎合作型的学习模式。而在课堂展开合作学习的同时,也可以让学生在问题解决与探究的过程中体验到团队协作的重要性,增进彼此之间的默契。据一些学生说,自己通过在课堂上的合作学习,更进一步了解了身边同学的水平,知道了在平时遇到问题时可以与谁交流,时间一久也就形成了学习团体,几个同学在一起可以实现共同进步,而课堂上的这种交流、合作正是同学之建筑建磨合,相互了解的一个重要途径。

四、成效结论分析

在实验过程中,我们可以看到学生通过微视频这一载体很好地自主安排学习和掌握知识,从而有效地改善自己的课堂学习效果。同时,学生也可以在自我预学和教师指导下,自主地安排学习进度,它促进了学生的自主学习与深度学习,落实了核心素养的培养,从而体现了将知识学习"移出"传统课堂这一理念对促进学生思维能力和综合素养的提升是非常有价值的,可以起到事半功倍的学习成效。由此得出的成效结论有以下几个方面:

(一)学生以已有的学习基础为起点,通过自主学习,可以学会一定的新知识

建构主义理论认为,学习的过程是自我生成的过程,这种过程是他人无法取代的,是由内向外的生长,而不是向内的灌输,其基础是原有的知识和经验。因此在视频教学时,教师充当的是"脚手架"的功能,在教学过程中教给学生科学的学习方法,注重原有的知识经验,使学生在原有知识的基础上逐渐引申生成新的知识,引导学生把新知识纳入原有的认知结构中去,帮助学生完成认知结构的优化。换而言之,学生通过自己的能力通过旧知到新知的"脚手架",努力实现自我认知结构的优化。

（二）学生自己学会的知识和能力掌握的程度，相对于从单一的讲授型听课学习中所习得的，会更加牢固

微视频学习后的配套练习，本身就是即时的学习检验与反馈。学生必须进行信息的自我转换，以自我的认知模式对刚学的信息进行一定程度的精加工，如将新接受到的知识信息从短时记忆转换成长时记忆，如将单个新学的概念同化到原有的概念网中，如联系新的情境迁移运用新学的某一算式，等等。这一知识的结构化过程对于学习的最终效果起着关键性作用，相较于从单一的讲授型听课学习中所习得的，学生自己学会的知识和能力掌握的程度自然会更加牢固。

（三）不同教师精心制作的视频，可以满足不同学生的需要

以微视频为基础内容的学习平台，本质上就是一个无时空界限的学习空间。每位学生都有自己适合的教师风格，不同的学生需要不同的老师，通过整合更多教师的教育资源，学生就可以自主选择到更适合他的老师。同时，视频先导学习中的微视频是由教师团队精心制作的，这些视频授课讲解的概念更加透彻，方法更加清晰，思维培育更加聚焦，再加上微视频的可选择性，使学生可以通过更适合自己的视频进行学习，从而使学生的学习兴趣更浓，效能更高。

（四）通过视频先导学习，使学生的学习起点更趋一致

在课前预习的时候，学生的理解力也不一样，所需的时间也就不一样。传统教学下，按照教师设计，40分钟课堂结束就完成教学了，但这一40分钟过程中一些天资优秀的学生听5分钟已经全理解了，但他们还需要跟着老师听下去；有些学生尽管老师讲解非常卖力，仍然不理解。通过调整，课前对概念基本理解的过程，使每位学生可利用不同的时间，这让课堂教学面向整个班级开始的教学效果更好，从而提高课堂教学的有效性，是解决教师痛点的有效途径。

（五）课内外练习作业难度置换，可以有效减轻学业负担

作业量是反映学生学业负担状况的重要指标，既是一种物理指标，又会内化为心理指数。学生的个性特质和学习方式的差异性，决定了班级制下学生分化的必然性。视频先导的自主教学流程，通过学生课外作业课内练习的适时难度置换，更好地增强了学生对概念与方法学习训练的针对性，不仅使学生

学习更加主动、扎实，而且一定程度上提升了学习效率，减少了学生学习时间和学业负担。因此，有针对性的作业设计，对实现轻负担、高质量教育是不可或缺的。

第二节 研究结论与分析

经过文献研究和实证分析，我们提出了知识学习"移出"传统课堂的理念。前文已经基于学校实践，较详细地进行阐述，现在，我们对这一课堂理念进一步深入、系统地分析。

一、知识学习："移出"传统课堂

本理念以信息技术和人工智能应用于中学数学教学为研究范畴，全面探索改变传统课堂中以教师讲、学生听为主的教学方式，逐渐形成线上与线下相结合的教学方式，重构"目标引领—自主预学—练习反馈—释疑深化—思辨提升"的新型教学范式，努力将基础概念和方法等知识学习内容"移出"传统课堂，从而更好地使学生在课堂里完成独立学习与合作学习相结合的自主学习，促进学生全面而富有个性的优势学习与发展。

（一）现实价值

信息技术及其运用正在改变着社会，呼唤教学过程的重建；社会与时代的变迁，正在改变着教育，呼唤课堂与学校的重构；面向未来学校建设，正在改变着教师，呼唤理念与行动的尝试。在技术及其应用迅猛发展的今天，包括人工技能的信息技术必将从根本上改变学校存在的形态，改变课堂教学的方式与流程，在这场技术与教育融合的变革中，如何面向未来，探索学校新型存在方式与教学范式，这是我们应该面对并积极回应的命题。教育改革最终使我们清醒地意识到这样的背景下，实现思维品质的提升、发展核心素养势在必行。

（二）内涵剖析

我们所定义的"传统课堂"是根据上海市教育委员会要求的每周 38 节课，每节课 40 分钟的传统意义上的课堂。我们将基础知识、基本技能和方法等学习移出传统课堂,同时,我们又把学习思想和核心素养等能力"移入"课堂,让学生在40分钟的集中学习时间内,通过自主预学、练习反馈、释疑深化、思辨提升等方式进行拓展、研究性学习。使学生有充分的时间展开对未知世界的主动探究、培养其对学习的兴趣和热情,主动学习,创造性学习,从而达到个性化发展。简而言之,知识学习通过平台解惑"移出"的是"道","移入"课堂的是核心素养、思维能力等部分。

(三)实施策略

在开展理念实践与应用过程中,教师团队合作,梳理学科知识与结构,通过精心备课,将一节课中侧重于通性通法的概念与方法的教学内容,浓缩为5～8分钟的教学视频,并编制精选习题,建构基于知识结构的资源库。在这基础上,学校合作研发网络学习平台,由教师或学生根据学习需要自主选择,也可以由网络平台诊断匹配推送。基于技术应用环境的建设与应用,初步形成了"目标引领—自主预学—练习反馈—释疑深化—思辨提升"的教学流程。通过充分选择的学习,更好地培养学生学习兴趣,激发学习动机,通过个别化学习,更好地提高学生课堂学习效能,节省学生学习的时间成本。

知识学习"移出"传统课堂是一种根据学生学习需要,自主选择学习内容和学习方式,自主安排学习时间和学习环境,积极主动开展学习活动的行为方式。推进知识学习"移出"传统课堂的建设将有利于实现学生全面而富有个性的发展。在当今基于精神世界智能互联的时代,通过这样的实践探索,将知识学习"合乎规律"地移出传统课堂,引导学生进行适合教育,使所有人的智慧与思想的互联,是对学生数学核心素养和适应未来能力的培养。

二、网学平台:指向自主学习

网学平台是知识学习"移出"传统课堂理念的基础保障。学校逐渐形成了根据学生的需要和学习状况,梳理知识结构,将习题库资源和微视频资源有效地整合,同时结合学生的认知水平和个性化需求精准推送,学生通过平台完成课堂先导学习的过程,这也帮助教师根据大数据反馈结果,科学定位学生的学情,从而更好地实现课堂教学目标的高效能。

（一）梳理知识结构

知识点梳理是知识学习"移出"传统课堂的核心，它决定着学生的发展方向和结果，离开了知识结构的梳理，学习是不可想象的。

我们对照高中课程标准，努力将知识点细化到不可再细分，系统梳理形成结构；将知识点进行梳理的意义在于实现语义搜索、智能推送以及可视化支持，帮助学生了解所学知识在章节中的地位、难度以及和其他知识的联系。并从知识内容、思想方法、核心素养三个纬度建构知识体系，从而建立目标多元化、方式多样化、教学过程化的评价体系。这种方式同样也能辅助教师更有效地备课，系统可以用推荐的方式为教师提供视频课程、优质教案、试题等，这样也为教师开展课堂教学的个性化、针对性提供有力的保障，从而更好地提升学生的思维品质。

我们研制视频和习题的标签系统，例如将每个视频和习题指向一个或几个细分了的知识点。知识结构的梳理反映了对学习者本身的学习过程。通过微视频和辅助习题的精准推送，教师可适时了解学生观看微视频时长和做补偿性习题的学习效果，精准地画出学生对于基础知识和方法掌握的画像和定位。同时通过基础知识的普适化以及评价诊断的可视化，让学生了解自身学习情况。教师也可利用可视测评评估报告，对所任教个人、班级、年级进行精准定位，从而提升课堂教学的效率。

（二）制作微视频

知识学习"移出"传统课堂要求学生可以面对具有充分选择性的学习内容，这就需要制作丰富多样的微视频来满足学生的个性化发展需要。制作微视频，并与知识结构关联。学校组织优秀教师精心备课、录课，把每个微视频与知识结构建立关联，即一个微视频指向一个或多个知识结构的末梢知识点；在微视频中，用直观生动的动画和视频，展示数学概念的直观形象和在生活中的应用；在进行概念形成和公式推导时，注重逻辑的严密性和思维的多样性；在学习内容的背景介绍中增加趣味性，渗透数学史等数学文化的内容。通过实践和个案研究表明，学生会将观看微视频并自主学习的知识归类为"自己学会的内容"，因此他们对于知识内容的掌握相对比较牢固，并且充满了"成就感"和"自信心"，对于数学学习的兴趣和动机有了较大的提升。

教师根据微课程课时数以及课程时长对教材内容进行重新的整合、编排，对传统 45 分钟通过重新整理浓缩为 5~7 分钟,通过剪辑浓缩,将重要知识保留,将其他内容进行调整,并在课堂学习中呈现,使学生更能进入学习。也通过单元整合的方式,对同一类的数学问题进行化解,分散学习难点,从而做到核心知识精讲解,典型例题精分析,将 40 分钟课堂内容浓缩整合成 5~6 分钟的教学视频,达到核心知识全覆盖,让基础知识的学习更凝练、高效。并将微视频上传于云端供学生自主学习。为了使微视频能够传递数学知识与信息,在内容的设计中要做到围绕重点与化解难点,把握数学的本质,在形式上要做到短小精悍,将传统课堂中一节课的教学内容浓缩在一个 5~8 分钟的微视频里,以适应学生自主学习的需求。

在传统教学中,为了帮助学生形成概念,教师在课堂中将大部分的时间和精力都花在了"知识与信息的传递"上,而学生通过课前微视频的观看与学习,将这一过程移至课前,为课堂教学的精准与高效提供保障。

(三)建设习题库

习题库建设是学生知识学习"移出"传统课堂的关键所在,习题库建设与学习效率直接密切相关,学生的学习在不同的年龄、不同的阶段具有非同步性,对于不同内容的学习与掌握具有差异性,不同学生对于学习内容具体的学习时间安排具有明显的个体差异,由此,习题库建设是学生知识学习"移出"传统课堂的关键性指标。

数学教研组通过研发的数学习题"标识系统",建立具有"标识"的习题库。1. 编制直接指向概念和方法的基础性习题,形成资源库:以学科课程标准和基本要求为根本依据,立足教材,做到学科核心知识全覆盖,注重对于学生知识掌握水平与应用能力的考查。通过典型习题的筛选和习题的改编两个途径完成。2. 把每一道习题也与知识结构知识点建立关联,根据难度、完卷时间等多元维度设定标签,选编习题库:在习题筛选和改编基本完成之后,就需要对每个习题定义标签,并运用标签将各种习题统整在高中数学的知识模型中。

习题库的作用是根据学习者程度和学习情况,帮助教师和学生利用标签进行精准推送,量为推送、提高推送,这为今后学生在学习过程中,通过即时诊断之后的精准匹配推送的学习闭环的智能化实现提供了强大的支持和实现提供可能,最终实现技术与教育的融合,推进精准教学与深度学习的展开。

（四）网学平台的建构

网学平台的建构,始终关注将传统课堂中的概念、知识结构和方法等内容移入平台中,为学生的个性化学习提供了外部条件。学校与互联网公司的合作研发,试图通过诊断技术的探索,把信息技术、人工智能技术运用到教学中。网学平台的意义是信息技术与教学的有机融合,学习平台的建设正是利用大数据诊断功能对学生的学习情况进行精准分析,从而使学生根据自己个性化的需要,满足其自主选择、主动学习的行为,从而为其公平性学习获得条件,对其认知习惯的逐渐养成提供保障,也使课堂教学达到同一起点,从而促进课堂的有效性。

三、流程再造：促进深度学习

教学流程是学生知识学习"移出"传统课堂的根本,它制约着学生的探究性学习的效率和结果,体现着学生个体特质的学习方式,也体现学生深度学习的素养与思维品质。在教学实践中,尝试依托信息技术,运用自主研发的学习平台和资源平台,探索"线上学习与线下学习""独立学习与合作学习""自主学习与师生互动""接受性学习与探究性学习"相结合的学生个别化学习方式,形成以及时反馈、即时诊断、精准推送为特征的学生学习与改进策略。

（一）五环节"教学流程"

基于网学平台,学校逐渐建构了"目标引领—自主预学—练习反馈—释疑深化—思辨提升"教学流程,课前基础练习更侧重于"四基"的落实,使学生对概念有基础性理解。学生根据自己的学习情况,自主选择研习课本,观看微视频,或者两者结合,甚至多次重复,直到确认概念的基本理解。同时,平台推送直接指向概念与方法的习题,学生练习之后上传平台,这样既解决了学生学习"快与慢"的问题,使得课堂起点更趋于一致,从而落实基础与难点突破结合,也使课堂有更充分的时间,让学生对概念进行更本质理解和深化拓展,能更多地去研究方法、发展思维和培养能力。

拓解练习的结果为教师提供了前测,而课堂讨论和反馈则提供达成度的及时针对,两者结合能为教师提供对学生学习风格与认知水平有精准诊断。在课堂上,教师的主要任务是释疑解惑,有更多的时间致力于学生能力与素养的培养,以学生为主体进行交流和展示,在师生互动中,进行反馈、释疑和提升。从而有利于学习效能的提升和学生高阶思维的培育、提升核心素养。

（二）自适应学习闭环

基于技术平台的建设，学校试图将自适应学习设计成一个学习闭环：从新课预学过程开始，按顺时针方向，依托网络平台可以针对学生需要，由教师或学生自主选择学习，也可以由网络平台智能化匹配推送。建立诊断评价与匹配推送的操作流程。通过学习诊断，进入相关的课堂学习流程；再经过学习诊断，学生分别进入自主预学和补偿学习过程，这两种学习都可以通过网络平台给到针对性匹配推送内容；再经过学习诊断阶段，进入新一轮的新课预学。通过建构自适应学习闭环，支持知识学习"移出"传统课堂的展开。

自适应闭环无疑是学生深度学习的过程。学生的学习路径可以依赖平台支撑，在网学平台的支撑下，进入自适应学习过程。通过平台的诊断评价，微视频的辅助先导，帮助学生进入更高阶层的学习中利用资源（课程资源和习题资源）衡量课程时间和难度，进行补偿学习或继续利用资源，通过学习分析重新进入自主学习和师生互动学习模式。

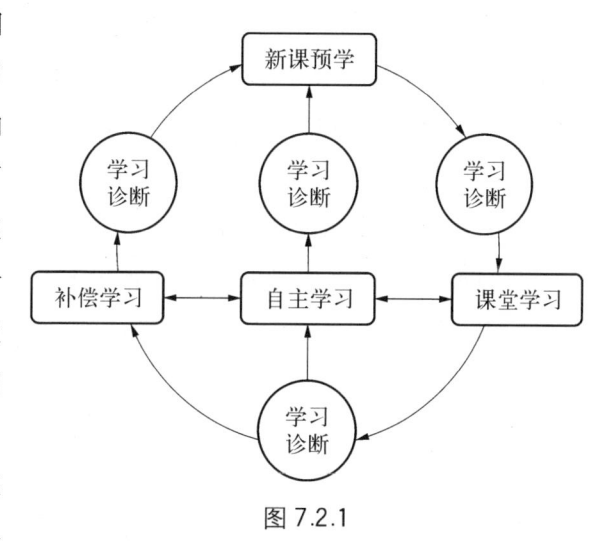

图 7.2.1

闭环既是一种学习，也是一种思维模式指导思想。学生为自己而学，对自己的学习负责，寻找适应自身条件（学习兴趣，性格，能力优势）的学习模式，反思自己的学习过程中的学习策略、方法与效果并加以改进。之所以名之曰"自适应学习闭环"，其意义正在于此。

自适应学习闭环也将在数字化背景下，探索突破以年龄为主要依据安排学习内容进程、以教师预设和讲授为主的教学方式等局限，建构具有自主性、选择性和个别化等适应整体因材施教的课程教学的实施范式，促进学生优势学习与发展提供可能。

我们可以预见,未来的学习课堂是学生学习、体验、经历的场所,学习过程中的知识内容。基本技能和方法可以通过学习平台来实现获得。发展核心素养,课堂将成为数学活动的主阵地,最终实现深度学习。

第三节　需要深化研究的问题与展望

本课题通过对知识学习"移出"传统课堂的研究,提出了相关理念,并对推进知识学习"移出"传统课堂的实践成效进行了分析。反思本课题的研究过程和结论,我们感到下列问题还值得进一步深入讨论和展望:

一、需要深化研究的问题

我们时刻关注着与本课题相关的研究动态与研究成果,在了解相关研究现状的过程中,也发现还需要对理论的完善、教师的共识、技术的操作性进行进一步的深化和改进。

(一)进一步实现公平而又有质量的教育

政府及教育行政管理部门在促进教育公平,实现教育的优质均衡发展的过程中,面对地区及学校办学条件与质量差异,如何促进教育均衡发展?面对教师专业素养与教学能力的差异,如何全面提高教学质量?面对学生自己的个性特质和兴趣特长,如何提升自主学习效能?这是一个值得深入讨论和研究的命题。这也是当今中国社会所面临的教育核心问题。从这一个角度问题来看,讨论与研究对将知识学习"移出"传统课堂的建构与应用具有深远的意义。

(二)进一步完善、丰富自适应学习闭环

将知识学习移出传统课堂内涵极其丰富,由此产生的自适应学习闭环体系应满足每一位学生的发展需要,应具有目标层次性、内容丰富性、过程生成性、结果多样性的特征,离开了学生可以自主选择的丰富内涵,学生的深度学习无从谈起。我们目前所做的一些实践活动只是这个构建的一小部分或浅层面,对于内涵的进一步研究将有助于我们在教育教学实践中更有的放矢地去进行,也更有系统性全面性地去实践。

(三)进一步统一实践,形成教师共同追求

随着市西中学课程教学改革的深化,教师团队在长期学校文化的熏陶下和不断的教育理念技术培训下,已经拥有了参与高级别教育实践研究的能力和热情,对于知识学习"移出"传统课堂会给学生带来的终身受用有很强的认同感;但对于实践探索和课程建设结合是全体教育工作者的共同追求和目标这一点,仍需要进一步加强,教师只有认同教育理念、达成共识、凝聚智慧、落到实处,才能有效促进学生更好的深度学习和全面发展。

(四)进一步思考路径,加强核心可操作性

经过了几年学校整体教学改革实践,对于如何让学生在三年的高中学习生活中能够得到知识学习"移出"传统课堂的可能性我们已经有了一定的感悟,但是开发和挖掘的知识学习"移出"传统课堂的实施核心技术仍有很多未涉及的区域。首先,满足知识学习"移出"传统课堂的内容,仍存在较大的偶然性和不确定性,依旧没有系统化、全面化、菜单化。其次,平台是一个难题急需解决。"双新"改革需要这一平台升级,知识结构还需要结合教材,才能更有效指向学生深度学习特征。

二、知识学习"移出"传统课堂的未来展望

在对本课题相关的理论成果进行综合分析的过程中,需努力使本课题的研究在研究要素、操作机制、推广辐射方面进一步深化与发展。

(一)深化自适应学习闭环的建构

目前在学校自适应学习闭环的建构推进过程中,我们发现应进一步提升诊断和评价的精确性,这需要技术平台研发过程中大数据样本的支撑。学校还需要找到更多途径和方法,更深层次的实践,也就是将学生主体的实际特征情况来进行区分和个性化推进。并加大教师的参与范围,从而更科学更有效地进行建构,支持整体因材施教,保障个别化因需而学。

(二)防止技术的应用异化成精致化追求升学率的工具

教师面对学生的学习起点会因为技术应用更趋于一致,解决教师的痛点,而学生可以通过精准匹配推送的学习内容,使学习更有效、更有价值。

当然我们也要认识到，应防止技术的应用异化成精致化追求升学率的工具。AI等信息技术，既可以成为更好地促进学生能力与素养提升的工具，也可能异化为疯狂追求升学率的工具。工具是一种存在，关键是我们怎么使用。线上教学很可能会异化为学生365天都在学习无休息。

（三）探索关于知识学习"移出"传统课堂的推广和辐射、可复制性研究

地区之间与学校之间存在差异。可以通过网学平台，实现优秀教师经验与教学资源的共享，为解决地区间不平衡提供可能。而学校内部优秀教师教学经验与资源的分享，为破解教学痛点提供了一种可能。

市西模式是基于开放网络平台而得以实施的。网络环境下的教育研究性学习模式有利于学生创新精神、实践能力的培养等优势素养提高。网络平台是知识学习"移出"传统课堂得以实施的技术保证。而部分地区的学校对学生的管理仍有网络的限制，无法实现即时资源共享，从而阻碍知识学习"移出"传统课堂的发展，如何为学生的知识学习"移出"传统课堂提供保障，又是一个应该进一步讨论的命题。

附件　微视频对数学学习活动影响的调查

1. 在老师没有规定的情况下,你在课前的预习情况是?
   A. 每节新课前都会预习
   B. 基本上每节课前都会预习
   C. 基本上每节课前都不会预习
   D. 从不预习

2. 从刚接触微视频到现在,你大概花了多长时间用于适应使用微视频进行预习的学习方式?
   A. 一周左右
   B. 两周左右
   C. 一个月左右
   D. 两个月左右
   E. 一个学期左右
   F. 目前仍然没有适应

3. 你是否喜欢这种在课前利用微视频进行预习的学习方式?
   A. 完全不喜欢
   B. 不喜欢
   C. 说不清
   D. 喜欢
   E. 非常喜欢

4. 你会选择一天中的什么时间观看微视频?
   A. 在校期间
   B. 放学后在家期间
   C. 说不清

5. 观看微视频时,你通常会整段观看还是分段观看?
   A. 整段观看(从头看到尾)
   B. 分段观看
   C. 说不清

6. 对于同一节课的微视频,你观看的次数一般是?
   A. 1—2 次

B. 3—4 次

C. 5—6 次

D. 7 次以上

7. 在观看微视频时,如果遇到没理解的知识点,你会重复观看这些出问题的内容。

　　A. 完全不符合

　　B. 不符合

　　C. 说不清

　　D. 符合

　　E. 完全符合

8. 在看完第一遍微视频后,你认为自己能达到的程度是?

　　A. 能看懂视频中的所有内容

　　B. 能基本看懂视频中简单的内容

　　C. 不能看懂视频中所讲的内容

9. 你认为是否有必要为每一节微视频配上对应的基础练习?

　　A. 完全没必要

　　B. 没必要

　　C. 说不清

　　D. 有必要

　　E. 完全有必要

10. 配套的基础练习能够促使你更加认真地学习微视频中的相关内容。

　　A. 完全不同意

B. 不同意

C. 说不清

D. 同意

E. 完全同意

11. 你一般会怎样结合微视频完成配套的基础练习?

　　A. 在观看完成微视频后再完成

　　B. 在观看微视频的过程中完成

　　C. 在观看微视频前完成会做的部分,不会做的待看过微视频后再完成

　　D. 不观看微视频,直接完成

12. 在做基础练习时遇到不会的题目,你会重新观看微视频中对相应题目的讲解。

　　A. 完全不符合

　　B. 不符合

　　C. 说不清

　　D. 符合

　　E. 完全符合

13. 在预习阶段,当你观看完微视频并完成基础练习后,你认为是否需要进一步去完成本节内容的拓解练习(平时作业)?

　　A. 完全不需要

　　B. 不需要

　　C. 说不清

D. 需要

E. 非常需要

14. 当你在预习阶段已经正确完成这堂课的拓解练习,并学会这堂课相关知识的情况下,如果允许你不参与课堂学习,你会如何选择?

    A. 离开教室

    B. 留在教室中再次听老师讲解

    C. 说不清

15. 在观看微视频时,你的精神状态是?

    A. 兴奋、激动

    B. 全神贯注

    C. 感到无聊、灰心

16. 对一节微视频而言,你最多能承受的时间长度是?

    A. 10 分钟以内

    B. 10—15 分钟

    C. 15—20 分钟

    D. 20—30 分钟

    E. 30 分钟—1 小时

    F. 无所谓时间长短

17. 在课堂学习中,针对你和同学都不会的问题,你更愿意用怎样的方式进行学习?

    A. 自己研究

    B. 和同学讨论,尝试寻找解决方法

    C. 听老师讲解

18. 在课堂学习中,针对你和同学都会的问题,你是否愿意和同学再进行讨论?

    A. 愿意

    B. 不愿意

    C. 说不清

19. 在课堂学习中,针对你已经学会但你身边的同学不会的问题,你是否愿意与同学进行讨论?

    A. 愿意

    B. 不愿意

    C. 说不清

20. 在课堂学习中,针对你身边的同学已经学会但你不会的问题,你愿意用怎样的方式进行学习?

    A. 自己研究

    B. 和同学讨论

    C. 听老师讲解

参考文献

[1] 张治.走进学校3.0时代[M].上海：上海教育出版社,2018.

[2] 中华人民共和国教育部.普通高中数学课程标准(2017年版2020年修订)[M].北京：人民教育出版社,2020.

[3] 聂炬.国内外微视频课程资源应用分析[J].中国教育技术装备,2016(14)：151-152.

[4] 于涵,陈昂,王蕾.新时代高考改革背景下教育考试国家题库建设的思考[J].清华大学教育研究,2018,39(01)：62-67.

[5] 王慧.自适应学习系统在成人教育个性化学习模式构建中的应用[J].中国成人教育,2017(03)：9-11.

[6] 姜强,赵蔚,王朋娇.自适应学习系统中双向适应交互评价实证研究[J].现代远程教育研究,2013(05)：106-112.

[7] 郭光明,吴成兵,刘芳,等.高中学业水平考试题库建设的需求分析[J].教学与管理,2018(16)：79-81.

[8] 柳博.题库的类型与质量控制探析[J].中国考试(研究版),2009(10)：29-34.

[9] 李光明.如何做好题库建设——来自英美考试机构的启示[J].中国考试,2011(12)：3-8.

[10] 郝丹.国内MOOC研究现状的文献分析[J].中国远程教育,2013(11)：42-50.

[11] 从线下走向线上,互联网教育的发展历[EB/OL].https://zhuanlan.zhihu.com/p/37108205,2018-5-21.从线下走向线上,互联网教育的发展历[EB/OL].https://zhuanlan.zhihu.com/p/37108205,2018-5-21.

[12] 在线教育在我国的发展历程[EB/OL].https://zhuanlan.zhihu.com/p/132608815,2020-4-17.

[13] 中华人民共和国教育部.国家中长期教育改革和发展规划纲要(2010—2020年)[Z].2010-07-29.

[14] 林协民,兰瑞乐,韦书令,等.中美K12在线教育比较研究[J].中国教育信息化,2018(21):18-22.

[15] 康叶钦.在线教育的"后MOOC时代"——SPOC解析[J].清华大学教育研究,2014,35(01):85-93.

[16] 黄荣怀,杨俊锋,胡永斌.从数字学习环境到智慧学习环境——学习环境的变革与趋势[J].开放教育研究,2012,18(01):75-84.

后　记

　　2018年10月26日,对于上海市市西中学数学教研组来说,是值得纪念的日子,由上海市教研室主办的上海市课改30年高中数学专场在上海市市西中学举行。市西中学数学教研组以"技术改善课堂教学"为主题向全市乃至全国,汇报了再造高中数学课堂流程的案例。感谢上海市教研员黄华与方耀华两位老师对我们的指导、支持和信任,次年学校成为教育部数学深度学习项目的实践基地。

　　2015年夏,董君武校长约谈了我,阐述了他对数学教学未来前景的预测,其中之一就是借助网络平台,变革传统课堂的学习环境,进而从根本上改革数学教学的流程与方式。同年9月,在静安区教育局领导的支持下,我们成立了"云课堂建设的项目组",开展微视频制作、智能化推送与诊断的题库建设。其间,我们得到了市教研员以及区学科专家黄根初、任升录、孟小龙等老师的悉心指导,以及大学好友熊斌教授、陈双双教授和倪明社长的鼎力相助,初步完成了"云课堂"的资源建设。2016年9月,高一3个班级率先进行基于云课堂和视频先导下的数学自主学习模式的探索,在多地多校展开实验。

　　我们将高中数学的基础知识与基本技能的内容重新整合与编排,按照学时要求形成5～8分钟的微视频供学生课前观看,并在平台上同步布置相关配套练习题,通过学生回看微课和网络平台补偿性练习,结合个别答疑的方式完成知识目标的初步掌握。这样线下课堂就有充裕的时间使学生在经历数学活动的过程中,启迪数学的思想、掌握求解的能力、发展核心素养。课堂的教学活动主要是学生的评价、学生的交流和学生的合作。项目在实践半年之后就得到了可喜的数据及案例,使我们坚定了继续实践并不断优化的信心。

技术应用引发的数学教学流程再造,是市西中学秉承"好学力行"传统文化基因,在董君武校长"教学改革要敢为人先"的倡导下催生的。在近五年的项目实践中,既有区教育局局长陈宇卿亲自嘱咐,也有市教委研究室徐淀芳、纪明泽莅临指导;更难能可贵的是,我们得到了前辈教育专家和领导张民生、尹后庆、徐承博等的指点。为此,我们将项目实践汇编成书,向各位领导、专家以及给予我们理想支持的同仁致敬。

在知识学习"移出"传统课堂的教学理念引领下,市西中学数学教研组全体教师以不同的方式参与了项目的研究与实践。

2020年在全球新冠疫情肆虐的春天,我们居家在线上班,开始了项目的总结工作。我先与董君武校长一起讨论了本书的总体结构与大纲,再与郑岚共同确定了书稿撰写的人员分工与具体要求,并形成工作总结与书稿撰写计划及日程安排,然后,与每一章节的撰写者逐一讨论写作提纲,确立核心观点。最后,我与郑岚、董君武合作分工,对每一章节都进行了修改和统稿。每一章节的执笔人员分工如下:第一章,董君武,李淳(部分初稿);第二章,张舒郴;第三章,张娜(第一节),陈奇飞(第二节)、俞文康(第三节);第四章,郑岚(第一、二节),张娜(第三、四节),张舒郴(第三、四节案例);第五章,陈奇飞,俞文康(部分初稿);第六章,张娜,俞文康(部分初稿);第七章,俞文康(第一节),郑岚(第二、三节)。

限于我们团体的经验与水平,书中的一些观点和结论难免存在不当之处,我们真诚希望各位专家和同仁提出指正,以更好地完善我们的研究与实践。

张舒郴

2021年1月12日